U0963994

# 高校英语教学设计优化与模式创新探析

董雅清　罗海锋　常　思◎著

中国出版集团　现代出版社

图书在版编目（CIP）数据

高校英语教学设计优化与模式创新探析 / 董雅清，罗海锋，常思著. -- 北京 : 现代出版社，2024.1
ISBN 978-7-5231-0728-7

Ⅰ. ①高… Ⅱ. ①董… ②罗… ③常… Ⅲ. ①英语－教学设计－高等学校 Ⅳ. ①H319.3

中国国家版本馆CIP数据核字(2024)第003909号

著　　者　董雅清　罗海锋　常　思
责任编辑　袁子茵

出 版 人　乔先彪
出版发行　现代出版社
地　　址　北京市安定门外安华里504号
邮政编码　100011
电　　话　(010) 64267325
传　　真　(010) 64245264
网　　址　www.1980xd.com
印　　刷　北京建宏印刷有限公司
开　　本　787mm × 1092mm　1/16
印　　张　11.25
字　　数　216千字
版　　次　2024年1月第1版　2024年1月第1次印刷
书　　号　ISBN 978-7-5231-0728-7
定　　价　78.00元

# 前　言

伴随着经济全球化时代的到来，各国之间的文化沟通越来越频繁。英语作为世界主要通用语言，很多领域的知识都以之为载体。高校英语教学一直都是新时期较为重要的工作，传统的英语教学已经无法适应信息化时代的需求，存在诸多问题；有必要对高校英语教学的创新路径进行研究，以期对培养新时代所需要的英语人才产生有益的影响。

教学设计是指教师为了优化教学过程，提高教学质量，以认知学习理论、教育传播理论和系统科学理论为基础，根据学生的学习特点和自身的教学风格，对教学过程的各环节、各要素预先进行科学的计划、合理的安排，制订出整体教学运行方案的过程。可以说，教学设计是教师教学工作不可缺少的一个环节，是指导教师有效教学的蓝图。教师的教学设计能力是实现有效教学的保证。

本书是高校英语教学方向的书籍，主要研究高校英语教学设计的相关内容，本书从高校英语教学的基础理论入手，针对高校英语教学设计优化的内涵与模式、高校英语教学的内容优化、高校英语教学的师资与环境优化进行了分析研究；另外对高校英语教学的基本关系、高校英语教学的基本原则、高校英语教学的目标、高校英语教学设计优化的模式、高校英语听力与口语教学等做了一定的介绍；还剖析了高校英语慕课与翻转课堂教学模式、高校英语教学模式的创新与发展等内容，条理清晰，重点突出，选材新颖，具有实用性、综合性。希望本书能够给从事相关行业的读者们带来一些有益的参考和借鉴。

本书内容翔实、结构清晰。在写作过程中，笔者借助互联网、纸质图书等工具查阅了大量的文献资料，同时也参考了学科专家的理论和实践研究，但由于笔者学术水平有限，书中疏漏之处在所难免，敬请读者朋友批评指正。

# 目 录

# 第一章　高校英语教学的理论基础理论

## 第一节　高校英语教学的基本关系

### 一、英语与汉语之间的关系

#### （一）语音迁移

语音迁移是语言迁移中最为明显也是最为持久的现象。“人们普遍认为第一语言对第二语言习得具有很强的影响，最为明显的证据就是第二语言学生的外国口音。”英语和汉语分属不同的语系，两者在语音方面存在很大的差异。第一，汉语是一种声调语言，用四声辨别不同的意义。而在英语中，语调起着非常重要的作用，这一点很容易给北方方言的学生造成特殊的语音语调的困难。第二，英语和汉语的音素体系差别较大，两种语言中几乎没有发音完全一样的音素。

#### （二）词汇迁移

初学英语的人很容易认为英汉语的词汇存在着一一对应的关系，每个汉语词汇都可以在英语中找到相应的单词。其实，一个单词在另一种语言中的对应词可以有几种不同的意义，因为它们的语义场不相吻合，呈现重叠、交叉和空缺等形式。例如，汉语中的“重”一词在英语里有 heavy 与之对应，但是 heavy 的意义与“重”一词并不是完全吻合的，在英语中，我们可以发现许多表达方法，并不是汉语中的一个“重”字所能解决的。初学英语的人往往会把汉语的搭配习惯错误地移植到英语之中，于是出现了许多不合乎英语表达习惯的句子。英汉两种语言文化的差异也会导致两种语言词汇意义的差异。除少量的科技术语、专有名词在两种语言中意义相当之外，其他词汇的含义在两种语言中都或多或少存在着差异，这些差异都有可能导致负迁移现象的发生。

### （三）句法迁移

句法就是组词造句的规则，也就是传统所说的语法。英汉两种语言在句法方面有一些相同之处，同时也存在着很大的差异。首先，汉语是一种分析性语言，没有严格意义上的形态变化，主要通过词序和虚词的使用来表达各种句法关系。英语和汉语的这种差异很容易导致中国的英语学生的困难，尤其是对于初学者来说，他们很容易受到汉语的影响，在使用英语时忘记词汇形态的变化，例如，名词的单复数、代词的主格与宾格形式、动词的时态变化等。其次，英语重形合，句子中的词语和分句之间常通过语言形式手段（如关联词）来表达意义和逻辑关系。汉语则重意合，其意义和逻辑关系往往通过词语和分句的意义表达。受此影响，中国学生在使用英语时常按照汉语的习惯只是简单地把一连串的单句罗列在一起，不用或者很少使用连词。另外，英语和汉语在静态和动态方面也呈现出一定的差异。英语多倾向于用名词，因而叙述呈静态，而汉语多用动词，其叙述呈动态，例如，He is a good eater and a good sleeper 这个句子中只用了 eater 和 sleeper 两个名词，而相对应汉语应该是“他能吃能睡。”如果要求学生把这个汉语句子译成英语，他们首先想到是“He eats and sleeps well”。英语名词化的特点使许多中国学生感到不适应，在写作中这一点表现得最为突出。

迁移并非总是坏事。有时候，由于英汉两种语言之间存在着很多相似或者吻合的地方，中国学生在学习英语时可以利用已有的汉语知识，促进英语的学习。

## 二、外国文化与中国文化之间的关系

文化是指所学语言国家的历史地理、风土人情、传统习俗、生活方式、文学艺术、行为规范、价值观念等。它不仅包括城市、组织、学校等物质的东西，而且包括思想、习惯、家庭模式、语言等非物质的东西。语言与文化具有密切的关系，这主要表现在三个方面：第一，语言是文化的重要组成部分。从文化的内涵来看，文化包括一个民族在长期的历史进程中创造的物质财富和精神财富两个方面，而语言正是精神财富的一个组成部分。第二，语言是文化的载体，因此它也是反映文化的一面镜子。语言反映一个民族的文化，解释该民族文化的内容。第三，语言与文化相互影响、相互作用。因此，理解语言必须了解文化，理解文化必须了解语言。

语言具有丰富的文化内涵，不具备文化内涵的语言基本上是不存在的。在一种语言中，从单词到语篇都可以体现文化的内涵。首先在单词的层面上，英汉两种语言具有很大的差异。还有些词只存在于英语中，在汉语中则没有相对应的词。另外在英汉两种语言中，某些词语看起来似乎指代同一事物或概念，其实不然。例如，service station 不等于“服务站”，而 rest 也不等于“休息室”。而且，某些事物或概念在一种语言中只有一两种表达方式，而在另一种语言中则有多种表达方式，例如，汉语有一个复杂的词汇系统表示各种亲戚关系，有姑妈、姨妈、舅父、外祖父、外祖母等各种词汇，而在英语中相关的表达方式要简单得多。对于某些词汇来说，英汉的基本意义大体相同，但是派生意义的区别可能很大。

英汉两种语言的文化差异还反映在日常谈话之中。在中国两个熟人相见，经常用“上哪去啊?”打招呼，直译成英语就是 Where are you going? 用这句英语来打招呼，大部分英语国家的人听了会不高兴，他们的反应很可能是 none of your business!，译为不关你的事；人们在分手时通常说 Good-bye，Bye-bye 之类的话，而按照中国的习惯，在说“再见”之前，往往还要有一番客套语，例如“走好”“慢走”，等等，这些说法不能直接翻译成英语，否则听起来会让人感到很别扭。在英语国家，人们常常用名字直接地称呼别人，如 Tom，Michael，Linda 等，即使年龄悬殊的人之间也可以这样称呼，但是在中国就不能这样做，汉语中的称谓要比英语复杂得多。听到别人赞扬，美国人和中国人的回答也大不相同，美国人一般表示接受赞扬，而中国人则一般表示受之有愧。

英汉两种语言文化的差异也可以导致文化迁移现象的产生。文化迁移是指“由于文化差异而引起的文化干扰，它表现在跨文化交际中，或外语学习时，人们下意识地用自己的文化准则和价值观来指导自己的言语和思想，并以此为标准来判断他人的言行和思想”。文化的内涵分为三个层次：“第一个层次是物质文化，它是经过人的主观意志加工改造过的；第二个层次是制度文化，主要包括政治及经济制度、法律、文艺作品、人际关系、习惯行为等；第三个层次是心理层次，或称观念文化，包括人的价值观念、思维方式、审美情趣、道德情操和民族心理等”。

我们在处理外国文化与中国文化之间的关系方面，要注意以下几个问题：

①传授文化知识。首先从培养学生的英语交际能力来看，英语教学不能是单纯的语言教学，还应扩大学生的视野，了解英语国家的文化和社会风俗习惯。因此，在英语教学中需要渗透有关文化知识的教育。从素质教育的角度来看，我们需要培养适应国际竞争要求的具有现代意识的人才，他们应该面向世界，思想开放，善于吸收其他民族的优秀文化，提高本民族的文化素质。在这一方面，英语教学肩负着不可推卸的责任。但是，文化知识的教育必须适度，应该渗透在英语教学之中，应该与英语教学相结合，不能为了传授文化而传授文化。在英语教学中，文化知识的传授主要通过在英语教学中导入文化的内容，主要方法包括注释、比较、融入和体验四种。注释是指在教材中对具有文化内涵的内容进行

注释和讲解，这种方法的优点在于它具有很强的针对性，缺点在于它比较零散，缺乏系统性。比较是指在教学中对中国文化和外国文化进行比较，从而发现两种文化中的异同，它可以有效地加深学生对于两种文化的理解，有效地培养文化意识。

②培养学生的跨文化意识。跨文化意识是指学生对于外国文化和中国文化异同的敏感程度，以及在语言交际过程中根据外国文化调整自己语言行为的自觉性。传授文化知识的目的在于培养学生的跨文化意识，使他们能够自觉地按照英语的文化习惯使用英语进行交际。在培养学生跨文化意识的同时，还要注意培养学生的文化平等意识。一方面不要有民族自大的心理，不注意吸收西方先进的文化；另一方面也不要产生自卑心理，盲目崇洋媚外。

## 三、语言知识与语言技能之间的关系

语言知识包括语音、词汇、语法等三个方面的内容。语言知识是综合英语运用能力的有机组成部分，是发展语言技能的重要基础，使学生掌握一定的英语基础知识，也是英语教学的基本目标之一。语言是交际的工具，而语言首先是有声的，正是通过人的发音器官发出的声音，才能达到交际的目的。在英语中，语音和语法、构词法、拼写都有关系。很好地掌握语音，不但有利于听说技能的获得，而且也有助于语法和词汇的学习。

词汇包括英语中的单词和习惯用语。词这一概念是我们非常熟悉的，但是对词下一个准确的定义却不容易。语言学家对词下定义时说法不一，措辞不同。概括来说，词是语音、语义和语法特点三者的统一体，是语句的基本结构单位。每个词都有一定的语音形式。在口语中，主要通过语音以区别于其他的词。每个词都有一定的意义，这些意义根据其层次又可以被分为字面意义和隐含意义两种。字面意义就是词的本义，隐含意义则是指词的本义以外的意义，即附加意义。

英语中的习惯用法又称习语，具有语义的统一性和结构的固定性两个特点。习惯用法是固定的词组，在语义上是一个不可分割的统一体，其整体意义往往不能从组成该用语的各个单词的意义中推测出来，词汇是构筑语言的材料，尽管具有大的词汇量并不意味着一定会具有高的语言能力，但是，要想具备较好的语言技能则必须掌握足够的词汇。

语法是指关于一种语言的结构的描述，说明其中词和短语等如何结合起来形成句子。语言是词的一种线性排列，这种排列不是任意的，而是遵循一定的规则，这种规则是本语言社团所共同接受的。不同的语言具有不同的语法，汉语与英语的语法就具有很大的差异，英语学生要想使用英语进行交际也必须遵守英语的语法规则。

语言技能指运用语言的能力，包括听、说、读、写四个方面，其中说和写被称为产出性技能，而读和听被称为接受性技能。听是分辨和理解话语的能力，即听并理解口语语言的含义；说是应用口语表达思想，输出信息的能力；读是辨认和理解书面语言，即辨认文字符号并将文字符号转换为有意义的信息输入的能力；写是运用书面语表达思想，输出信息的能力。听、说、读、写是学习和运用语言必备的四项基本语言技能，是学生进行交际的重要形式，是他们形成综合语言运用能力，获取信息和处理信息的重要基础和手段。

语言知识和语言技能都是语言能力的组成部分，都是语言学习的目标。两者之间相互影响，相互促进。首先，语言知识是发展语言技能的基础，不具备一定的语音知识，不掌握足够的词汇，不了解英语的语法，就不可能发展任何的语言技能；而语言知识的学习往往可以通过听、说、读、写活动的过程来感知、体验和获得。在英语教学中，处理语言知识和语言技能这二者之间的关系时，应该注意以下几点：

①语言知识与语言技能同时兼顾，防止厚此薄彼。语言知识和语言技能都是语言能力的组成部分，都是英语教学的基本目标。交际教学法是在批判传统的语法翻译教学法的基础上建立起来的，其中一个主要的原因在于传统的教学方法过分地强调语言知识（主要指语法）的传授，而忽视了语言技能的培养。

语言知识是能力的基础，认为强调语言能力就可以忽视语言知识的看法是不对的。语言的综合能力是多方面的，除了语法知识外，还有社会语言学能力（如在完成某些言语行为时如何才算得体）、语篇能力（如观察和使用各种衔接手段和照应手段等）和策略能力（也就是交际策略，如在交际遇到困难时使用某些手段回避等）。这就意味着：第一，语法还要学，不学语法，语言技能无从谈起；第二，学习语法不是为了掌握某种理论体系，而是为了正确地使用语言，而且不仅要保证语言的语法规范，还要保证其社会文化规范；第三，语言能力不仅是单个句子的，也是关于语篇的。当然，英语教学不能停留在知识的传授和学习上，要把语言知识的学习与语言技能的培养有机地结合起来，语言知识的学习要有利于提高语言技能的质量，而在发展语言技能的同时，又不能忽视语言知识的学习。

②语言知识的教学要立足于语言实践活动。传授语言知识并不意味着要单纯传授讲解语言知识，尤其是在基础英语教学阶段，主要通过听、说、读、写等实践活动来学习英语，因此，语言技能的训练是教授语言知识的基本途径。语言知识的教学可以采用提示、注意和观察、发现、分析、归纳、对比、总结等方式进行，要有意识地使学生参与到上述过程之中，使学生在学到语言知识的同时，还能得到科学的思维方法的训练。

③听、说、读、写四项技能协调发展，不能截然分开。对于英语初学者来说可以从听说开始，但是读写很快要跟上。在处理四项技能之间的关系时，我们应该注意防止两种错误的倾向：一方面不让学生接触书面材料的纯“听说法”是不可取的，也是不符合中国人

学外语的国情的，因为中国人学外语最容易创造的还是阅读的输入环境。但另一方面一味强调客观条件，片面夸大读写的重要性，容易导致“哑巴英语”和“聋子英语”。

## 四、教师与学生之间的关系

教师与学生都是英语教学活动的实践者，正确地处理好两者之间的关系，对于英语学习的成败起着重要的作用。如果把英语教学比作一场戏剧，那么教师就是导演，学生就是演员。两者之间要密切地协调配合，教学质量才能有保证。

### （一）学生方面

学生是学习的主体，英语教学要以学生为中心。教师的主要职责是引导和帮助学生学习英语，因此，教师要善于根据学生的生理和心理发展的特点认真研究教学方法，排除学生在学习上的心理障碍，调动学生学习的主动性和积极性。教师还要面向全体学生，因材施教，发挥不同学生的特长。另外，教师还要帮助学生养成良好的学习习惯，培养自学的能力。在尊重学生的主体性，强调以学生为中心的理念时，要充分地考虑学生的个体差异，与英语学习相关的个体差异主要包括动机与学习态度、性格和认知方式等。

学习态度与动机是影响英语学习的重要情感因素，英语学习的成功在很大程度上依赖于强烈的动机和端正的态度。如果学生对讲英语的人和英语教师产生反感，学习的动力也就自然消逝，学习的成功也无从谈起。根据动机产生的根源，动机可以分为内在动机和外在动机。内在动机来自个人对所做事情本身的兴趣；外在动机是外部因素作用的结果，如父母的赞同、奖赏、惩罚、考试的高分等。内在动机和外在动机之间存在着相互影响的关系，教师在培养学生内在动机的同时，也要注意对学生外在动机的培养。态度指个人对事物或人的一种评价性反应。态度包括三个组成部分：认知、情感和意动。认知指个人对事物的信念；情感指对事物的褒贬反应；意动指个人对待事物或采取行动处理事务的倾向。第二语言习得的研究表明，学习外语的态度和学习成绩之间的相关程度高于学习其他学科的态度和成绩之间的相关程度。

性格与英语学习也有很大的关系，自信、开朗、认真负责的学生往往会取得学习的成功，影响外语学习的主要性格特征包括内向与外向、焦虑、抑制等。具有外向性格的学生开朗、热情、善于交际、爱说话，很容易给人留下好的印象，他们更适合学习外语；而性格内向的学生喜欢缄默，不好动，不善于表达自己的思想，往往被一般人认为不适合学习外语。外向型的学生会更愿意在课堂上和课外使用英语，愿意提问题，回答问题，不怕犯错误，不怕出洋相，因此他们的语言流利程度发展得会更快些。而性格内向的学生则更愿意花更多的时间去练习和研究语言形式，因此，他们比外向的学生对语言结构的理解可能会更全面、准确。在英语教学中要注意根据学生的特点，进行有针对性的引导。内向型的学生需要一种鼓励性的、宽松的课堂气氛，这样他们才乐于“冒险”，尝试着使用英语。而对于外向型的学生则要有策略地提醒他们注意语言的准确性。过分的焦虑会阻碍外语学习，但是，一点焦虑感没有也不利于英语学习。以考试为例，焦虑可以被分为促进性焦虑和退缩性焦虑两种。前者可以使学生产生学习动力，迎接新的学习任务，而后者则使学生逃避学习任务。其实，焦虑不是一种孤立的现象。除了受到人的性格因素的影响之外，学习的环境、学习任务的性质、个人的先前经验等因素都会对焦虑的产生起作用。在做事情之前，尽可能提前做好准备，明确目标，预测可能出现的各种困难，找出克服困难的方法，同时还要看到成绩，提高自信心。这样，过度的焦虑也就自然消失。抑制是一种具有保护性能、抵制外部威胁的心理屏障，它与人的自尊心有着密切的关系。人们在了解自身的过程中逐步建立起保护自我的屏障。出生婴儿没有自我概念，但随着年龄的增长而逐渐认识到自己与众不同。由于自我意识的增强，人们开始建立起具有个性的情感特征。在青少年时期，生理、认知和情感的变化带来了具有保护性的抑制，用以保护脆弱的自我，排斥那些威胁个人价值观和信仰的观点、经历和感受。这种意志在青少年时期发展到高峰，并进一步延续到成年期。因此，自我意识比较脆弱的学生往往会因为怕犯错误而不参与语言活动，这种语言学习中的抑制行为，经过适当的引导也是可以克服的。

认知方式是指人们组织、分析和回忆新的信息和经验的方式。就认知方式讲，英语学生可以分为两种：场依存和场独立。测量场依存型时，让学生观看一个复杂的图案，并找出隐藏在图案内部的几个简单的几何图形。目的是看他们是否能够把看到的东西分解成若干部分，并能使这些部分脱离整体。这种测验也适用于学习语言的学生，因为他们也要从上下文中把语言项目分离出来才能理解它们。例如，在读一页材料时，他们必须能够识别词、短语和句子，并能理解这些部分如何结合起来构成一个整体。场依存型的学生具有以下特点：他们对教师提供的语言信息不加分析，不加思考，教师如何教授，他们就如何接受。这类学生特别依赖别人对他们的看法，在很大程度上靠别人表扬，他们给别人的印象是直率，对别人感兴趣，使用英语与别人交往的技能可能会发展较好。他们对自己本身有很强的意识，往往对别人不太敏感，不喜欢接近别人。场独立型学生在外语结构知识方面学习起来更容易些。

### （二）教师方面

尊重学生的主体地位，以学生为中心，这并不意味着降低教师的主导作用。在英语教学中，教师要充当以下角色：

1. 语言知识与文化知识的传授者

语言知识是语言技能的基础，对于中国的英语学生来说，要想具备良好的听、说、读、写的能力，就必须具备一定的词汇量，掌握英语的语法基础知识；另外还要了解西方的文化。因此，教师要向学生传授英语语言知识和文化知识。但是传授的方式是多种多样的，所以传授知识并不意味着一定要采取“满堂灌”的“填鸭式”的教学方式。知识的传授要与语言实践活动密切结合，鼓励学生在教师的指导下进行探究式的学习。

2. 语言技能的培养者

教师不仅是语言知识的传授者，更重要的是语言技能的培养者。导演向演员“说戏”，是为了帮助演员进入角色，演好戏。教师传授语言知识，是为了帮助学生运用语言知识进行交际。

3. 语言使用与交际的示范者

学生学习的一个主要途径就是模仿，教师是主要的模仿对象，这就要求教师起码要做到两点：第一，教师本身要具备良好的语言基本功，为学生提供正确的模仿对象；第二，教师的语言要适合学生的语言水平，使学生能够模仿。

4. 语言交际活动的组织者和参与者

学生英语交际能力的提高需要进行大量的交际实践活动，这就要求教师根据学生的水平和教学的需要在课堂内外组织多种形式的交际活动。而且在很多情况下，还要求教师在活动中充当一定的角色，在与学生的交际过程中刺激学生并提出新的语言现象，使学生在不知不觉中掌握语言的用法。

5. 语言学习过程的诊断者与咨询者

英语学习是一个漫长的过程，其中学生要遇到各种各样的困难与困惑，这就要求教师针对学生的实际情况做出相应的诊断，确定学生产生困难或困惑的原因，并给出相应的建议，以帮助学生解决这些困难，消除这些困惑。要想做到这一点，首先要求教师要具备良好的理论素质，熟悉英语教学以及与英语教学相关学科的基本理论，了解外语学习的过程；其次要求教师具有一定的敏感性，在教学过程中及时、敏感地捕捉到学生各个阶段出现的困难和问题。

6. 语言学习材料的推荐者和提供者

中国学生在学习英语的过程中需要大量的语言输入，单靠一本教材是远远不够的，还需要补充一定的语言材料。现在市场上各种各样的学习资料可谓琳琅满目。学生及其家长在选择这些材料时往往具有一定的盲目性，这就要求教师针对学生的实际情况，配合学校的教学，为学生推荐或者提供适当的学习资料。

7. 学生学习动力与学习兴趣的激发者

学生是学习的主体，这决定了英语教学必须要以学生为中心。英语学习成败的关键在于学生的学习动力是否充足，学习兴趣是否浓厚。这就要求教师要想方设法激发学生的学习动机和学习兴趣，要在教学中充分利用学生已有的特点，如好奇心、对成功和进取的愿望、善于表现等，设计为学生所喜闻乐见的教学活动；还要注意学生的进步并及时地鼓励，对学生使用语言中出现的问题不过分指责，使学生保持学习的自信心。

## 第二节 高校英语教学的基本原则

### 一、交际性原则

语言是交际的工具，人们主要通过语言来交流思想、传递信息。交际是在特定语境中说话者和听话者、作者和读者之间的意义转换。由此定义我们可得出以下几点启示：①交际包括口语和书面语两种交际形式；②交际总是发生在一定的语境之中；③交际需要两个以上的人参与并产生互动。

学习英语的首要目的就是使用英语进行交际，而英语教学的首要目标就在于培养学生的交际能力。交际能力的核心就是能够运用所学的语言知识在不同的场合下与不同的对象进行有效的得体的交际。因此，我们在英语教学中首先要贯彻交际性的原则，使学生能用所学的英语与人交流，要在教学过程中努力做到以下几点：

#### （一）充分认识英语课程的性质

英语课程首先是一种技能培养型的课程，要把语言作为一种交际的工具来教、来学、来使用，而不是把教会学生一套语法规则和零碎的词语用法作为语言教学的最终目标，要使学生能用所学的语言与人交流，获取信息。在教学过程中，教、学、用三个方面构成一个有机的相辅相成的统一体，其中的核心在于使用。因此，教师转变以往陈旧的教学观念，认清课程的性质，是落实交际性原则首先需要解决的问题。

### （二）创设情境

开展多种形式的丰富多彩的交际活动。语言是交际的工具，而交际的发生总是处于特定的情境之中。情境包括时间、地点、参与者、交际方式、谈论的题目等要素。在某一特定的情境中，讲话者所处的时间、地点以及本人的身份都制约他说话的内容、语气等。因此，在基础英语教学中，要使教学的内容置于一种有意义的情境之中。而且，在一定的情境之下学习英语，可以使学生身临其境，提高学习英语的兴趣。因此，英语教学活动要充分考虑交际性的特点，结合教材的内容，尽量利用各种教具，创设与学生生活密切相关的各种情境，进行真实或逼真的英语交际训练活动，这样不仅使学生学有兴趣，学有成效，而且能够做到学用结合。

### （三）注意培养学生语言使用的得体性

英语教学的首要目标在于培养学生进行有效交际的能力，传统的英语教学只偏重语法结构的正确性，而根据交际性原则，学生要具备良好的交际能力，需要能够在适当的时间、适当的地点，以适当的方式，向适当的人讲适当的话；这一点与上面一点密切相关。创设情境，开展多样的交际活动，课堂游戏、讲故事、猜谜语、编对话、角色扮演、话剧表演、专题讨论或者辩论等，都有助于学生在创设的情境中充分表现自己，从而掌握地道的语言。

### （四）精讲多练

英语课堂的工作不外乎讲和练两种，前者是指讲授语言知识，后者是进行语言训练。在课堂上，适当地讲授一些语言知识是必要的，可以提高学习的效果。就如同学习游泳一样，在下水之前，教师讲解一些注意事项、游泳的动作要领，有助于提高学生在水里训练的效果。但是，英语首先是一种技能，技能只有通过实际训练才能获得。因此，教师必须清楚，讲解的目的在于帮助学生更好地训练。在语言训练的过程中要针对学生的具体问题给以“画龙点睛”式的点拨。这不仅有利于学生语言交际能力的培养，还有助于学生养成良好的学习与思维习惯。在进行了必要的讲解之后，要给学生留出足够的训练时间。

### （五）注重教学内容与教学活动的真实性，贴近学生的生活

语言与现实生活密切相关，教学活动的设计与教学内容的选择一定要考虑这一因素。在英语教学中，要把语言和学生所关心的话题结合起来，要给学生足够的、内容丰富的、

题材广泛的、贴近学生生活的信息材料。另外，教学内容的真实性还要求教材的语言和教师的语言是真实的；就是说教材的语言和教师的语言应该是英语本语族人在交际过程中所使用的语言，而不是专为教学而编写出来的。

## 二、兴趣性原则

为了激发和培养学生学习英语的兴趣，我们应该做到以下几点：

### （一）充分了解学生的生理与心理特点，尊重学生的主体性

学生是学习的主体，是整个学习过程的核心承载者。基础英语教学要从学生的心理和生理特点出发，改变传统的学习方式，让学生通过体验和实践进行学习。传统的语言学习方式强调学生在初级阶段要学好音标，学好语法，记忆一定量的词汇。英语课程必须从学生的心理和生理特点出发，遵循语言学习规律，从改变学生的学习方式入手，通过听做、说唱、玩演、读写和视听等多种活动方式，达到培养兴趣、形成语感和提高交流能力的目的，尤其是在学习的初级阶段更要如此。

### （二）防止过于强调死记硬背、机械操练的教学倾向

英语学习需要一定的死记硬背和机械操练的活动。而过多的机械性操练很容易导致课堂教学的死板与乏味，容易使学生失去或者降低学习英语的兴趣。为此，应该重视科学地设计教学过程，努力创设知识内容、技能实践和学习策略的需要都很逼真的情境，以营造启动学生思维的教学环境，帮助学生通过各种渠道获取知识，加速知识的内化过程，使他们能够在听、说、读、写等语言交际实践中灵活运用语言知识，变语言知识为英语交际的工具。这样，学生在获得交际能力的同时，综合素质也会得到相应的提高，学生的学习兴趣才会得到巩固与加强。

### （三）挖掘教材，激情引趣

教材是英语教学的核心，教师要想最大限度地调动学生的积极性，就要在备课中认真地研究教材，挖掘教材中的兴趣点，使每节课都有新鲜感，都有让学生感兴趣的内容和活动。

### （四）善于发现学生的进步，多鼓励表扬，培养学生的自信心和成就感

对于学生来说，学习兴趣的保持很大程度上取决于学习的效果，取决于他们能否获得

成就感。因此，教师要通过多种激励的方式，如奖品激励、任务激励、荣誉激励、信任激励和情感激励等，激发学生积极参与、大胆实践、体验成功的喜悦。

### （五）注意发现和收集学生感兴趣的问题，把这些问题作为设计教学活动的素材

例如，在教数字时，有一位教师请学生收集自己家里所有的数字，学生除了收集家里的电话号码、邮编、自行车牌照、汽车牌照等之外，还收集了全家人穿的鞋子的尺码、衣服的尺码、父母的身高、家里的藏书数目、自己的零用钱，等等。这样，一节枯燥的数字课上得热闹非凡，笑声不断。还有的教师为了讲授英文字母，自己编排了英语字母体操。

### （六）增强教师与学生之间的交流

一个班级的学生来自不同的家庭与环境，教师要平等地对待每一个学生，对学生充满爱心，通过各种形式与学生进行交流，真心地与学生交朋友，用自己对工作、对学生的热爱去影响学生，而且教师要活泼，富有幽默感，懂得学生的尊重与喜欢。实践表明，一个学生对某一门课程的喜欢与否，往往取决于他对于该授课教师的态度。另外，教师还要寓思想教育于教学之中，结合英语教学培养学生的道德情感和对英语学习的热情，创造和谐、宽松的课堂气氛，注意保护学生的自尊心。好的情绪转到学习中就会变为一种兴趣和动力。教师在严格要求学生的同时，还要给学生创造一种和谐的学习氛围，通过一个眼神、一个手势、一个微笑或一句赞许的话去影响学生。

### （七）改变传统的英语测试方式

应试教育是学习兴趣的最大杀手。基础英语课程的评价应以形成性评价为主，采用学生平时教学活动中常见的方式进行，重视学生的态度、参与的积极性、努力的程度、交流的能力以及合作的精神等。口试主要考查学生实际的语言应用能力；笔试主要考查学生听和读的技能以及初步的写作能力。评价可采用等级制或达标方法记成绩，不应对学生按成绩排队或以此作为各种评比或选拔的依据。

## 三、灵活性原则

灵活是兴趣之源，灵活性原则是兴趣性原则的有力保障。语言是生活的一个必要的组

成部分，是一个充满活力、不断发展的开放性系统。语言本身的性质以及学生的自身特点要求我们在英语教学中要遵循灵活性的原则，要在教学方法、语言学习和语言使用方面做到灵活多样，富有情趣。

### （一）教学方法的灵活性

在英语教学史上曾经出现了许多种不同的教学方法和流派，如语法翻译教学法、视听教学法、交际教学法等，每种方法都有其自身的优势与不足，教师应该兼收并蓄、集各家之所长，切忌拘泥于某一种所谓流行的教学方法。英语教学包括语言知识和语言技能两个方面，语言知识包括语音、词汇、语法等内容，不同的语音、不同的词汇、不同的语法项目都具有不同的特点。语言技能包括听、说、读、写四个方面，其中又包括许多微技能。而学生的个体差异也是千差万别的。因此，在英语教学过程中要综合学生、教学内容以及教师自身的特点，创造性地开展多种多样的教学活动，充分体现教学方法的多样性和创新性，使英语课堂新鲜有趣，从而激发学生学习英语的热情，挖掘学生的潜能。教学的内容也要体现多样性的原则，不仅要教英语，还要教学习方法，结合英语教学教学生如何做人。

### （二）学习的灵活性

教学方法和教学内容的灵活性可以有效地带动英语学习的灵活性。要努力改变以往单纯地死记硬背的机械性学习方法，帮助学生探索合乎英语语言学习规律和符合学生生理、心理特点的自主性学习模式，使学生能够自我导向、自我激励、自我监控；静态、动态结合，基本功操练与自由练习结合；单项和综合练习结合。通过大量的实践，使学生具有良好的语音、语调、书写和拼读的基础，并能用英语表情达意，开展简单的交流活动，开发听、说、读、写综合运用语言的能力。

### （三）语言使用的灵活性

英语学习的关键在于使用，教师要通过自身灵活的使用英语来带动和影响学生使用英语。教师应尽可能多地用英语组织教学、用英语讲解、用英语提问、用英语布置作业等，使学生感到他们所学的英语是活的语言。英语教学的过程不应只是学生听讲和做笔记的过程，而应是学生积极参与，运用英语来实现目标、达成愿望、体验成功、感受快乐的有意义交际活动过程。另外，教师还可以通过灵活性的作业使学生灵活地使用英语，作业的布置应侧重实践能力，如可以让学生用磁带录制口头作业，让学生轮流运用英语进行值日报告，陈述和评议时事、新闻等。

## 四、宽严结合的原则

所谓的宽与严是指如何对待学生在学习过程中所出现的语言错误，也就是如何处理准确和流利之间的关系。外语学习是一个漫长的内化过程，学生从开始只懂母语，一直到最后掌握一种新的语言系统，需要经过许多不同的阶段。从中介语的观点来看，在各个阶段，学生所使用的语言是一种过渡性语言；它既不是母语的翻译，也不是将来要学好的目标语。这种过渡语免不了会有很多的错误。传统的分类方法将错误分为语法、词汇和语言错误。语法错误又被进一步分为冠词、时态、语态错误等。这种分类方法，主要基于语言形式，而忽视了语言的交际使用。对于各种错误的分析，是第二语言习得研究的重要课题，因为通过对于这些错误的分析，可以发现学生的学习策略，其实这些策略也正是学生产生这些错误的原因。

语言错误是学习英语过程中的必经阶段。出错—无意识错误—出错—意识错误—出错—自我纠正错误，是对于每一个英语学生来说的必经之路，没有这个过程就不可能达到流利的程度。因此，要鼓励学生不怕出错，而且要耐心地倾听学生“支离破碎”的英语，并给予纠正指导。一方面，教师要坚持用正确的语言熏陶学生；另一方面，当学生的语言错误影响到信息的传递时，教师要在鼓励的前提下进行必要的纠正，从而保证以后学生使用英语的准确性。也就是说，在英语教学中，教师应该采取宽严结合的方法；当以交流为目的时，对学生的语言错误采取宽容的态度；当以语法学习为目的时，则采取严格的态度。这样宽严结合，既保证学生具有扎实的语言基础，又有利于鼓励学生大胆使用英语。

## 五、输入输出原则

所谓输入是指学生通过听和读接触英语语言材料，所谓输出是指学生通过说和写来进行表达。心理语言学研究表明，输出建立在输入的基础之上；在此意义上，输入是第一性的，输出是第二性的。

教师在教学过程中应注意以下几点：

### （一）尽可能多地让学生接触英语

要通过视、听和读等手段，多给学生可理解的语言输入，如声像材料的示范和贴近学生日常生活和学习、适合学生的英语水平、具有时代特色的读物等。另外，学生学习的内容不要局限在课本之内，教师应该打破课内外的界限，帮助学生扩大语言接触面。

### （二）输入内容和输入形式的多样化

学生接触的英语既要有声的、又要有图像的，还要有文字的，而且语言的题材和体裁以及内容要广泛，来源多样化。比如，在日常生活中，尤其是在大中城市中，每天都会接触到许多英语，比如文具、衣服、道路标志、电器等上面，就有许多英语。如果能利用这些，学生们就可能轻轻松松地学到英语知识。另外，还要注意根据上述语言输入的分类，尽可能地为学生提供多种形式的输入。

### （三）首先强调学生的理解能力

只要学生能理解的，就可以让他们听，让他们读。而且，还可以只要求学生理解，而不必立刻要求他们用说和写的方式来表达。从教学目标而言，对语言技能应该有全面的要求，但是从教学的方法来看，应该先输入，后输出。

### （四）为学生提供的语言材料要符合学生的实际情况，要符合可理解性和趣味性与恰当性的要求

当然，仅仅依靠语言的输入是不可能掌握英语、形成综合运用英语的能力的，还需要通过口头和笔头的表达来检验和促进语言的输入。在增加可理解的语言输入的同时，在理解的基础上不断进行有效的实践活动。这些实践活动在基础英语教学中包括一定的模仿练习。学习语言的确需要模仿，问题的关键在于如何模仿和模仿什么。如果只是机械地模仿，只注意语言的形式，并不能保证学生能在生活中真正的使用语言。比如只是要求学生注意语音、语调的准确，只要求死记硬背句型结构，而没有使学生真正了解这些句型结构所表达的含义，学生并不能在课外使用。模仿最好是模拟生活中的真实情境，注意语言结构所表达的内容，这种模仿才是有效的。尤其是在结对练习、小组练习的时候，让他们根据实际的情况使用所学习的语言，学生才能把声音和语言的意义结合起来。外语教学的研究人员还提出，不仅要有“可理解的输入”，还要有“可理解的输出”。

# 第三节　高校英语教学的目标、方法与手段

## 一、高校英语教学的目标

### （一）帮助学生理解英语

“教师使学生懂英语”这个过程仍然是一个使能过程，但不是使学生掌握技能和学习本领，像开车和修理机器一样，而是使学生动脑筋，学习语言知识。学生的学习过程不是一个行为过程，而是一个心理过程，教学的中心仍然是学生。

在这个过程中，学生是中心，是关键的参与者，而教师只是帮助者和使能者。但是，在此学生不是学会做事，而是要扩展他的思维活动，获得新的知识。教师的任务是提供学生所需要的一定量的知识。这里需要考虑的是“知识”一词。学习语言通常认为有两种方式：学习语言和学习有关语言的知识。在此，知识纯粹是有关语言的特点和运用的知识。但掌握语言知识也可以称为懂英语。它既表示学习英语意味着学会有关语言的知识，也表示学会说这种语言。这两种解释实际上代表了两种不同的教学模式。从第一种模式的角度讲，学习知识只让学生理解和记忆即可，而不必要让学生去进行实际的操练和实践，其重点是心理活动。从第二种模式的角度讲，学生不仅要理解和记忆所学的知识，还要学会实际的语言运用技能，学会把所学的知识运用到实际语言交际中去。同时，还要学会在一定的文化语境中，即在目标语文化中，从事所要进行的交际活动，和学会语言要完成的交际功能，以及所要运用的语言知识。这样，教学的目标可以有两种：使学生学会有关语言的知识和使学生会讲这种语言。

### （二）教师帮助学生学会英语

“教师使学生学英语”，在这一教学过程中，学生学习英语，教师帮助他们达到目的。学生是行为者，是教学的中心。教师是使能者，可以采用各种各样的手段来帮助学生学习英语，例如，可使用各种各样的现代化技术和设备来帮助学生学习。

教师首先考虑的是学生，而他们自己的角色就是指导和帮助学生。但现在我们没有考虑的是学生的任务是什么性质的，是什么样子的，只是想当然地认为学生如何学习，也就是说，对教学目标没有很好地进行限定。从教学方法和程序上讲，教师把教学的主体变成

学生，教师的角色只是帮助学生达到学习目的，应该说这是一个很大的进步。但这个过程所提供的是一种方法，并没有提供教什么。我们可以根据让学生自己学，由被动变主动来考虑学什么和达到什么目标的问题：这个教学过程的目标是使学生学会英语。

以上所讲都是物质层面的过程，也就是说，教学的过程被看作一种行为和动作，是做事情，是完成任务等。下面则是另外一种模式。

### （三）给学生传授语言知识

“教师把英语授给学生”的教学过程在此被视为一个物质交流过程。在这个交流过程中，主要的参与者是给予者和礼物，即教师和他所教授的语言，而学生的存在是偶然的，他只是被给予的对象。从人际交流的角度讲，教师像赠送钢笔等物品一样，把英语“给予”学生。在这种情况下，教师通常要教给学生他们自认为是“好”的英语，如“标准英语”“文学英语”等。在这种交流过程中，教师处于绝对控制地位，学生则完全处于被控制的地位。所以，学生认为什么是好的英语是无关紧要的，因为他没有发言权。教学的重点是语言，施事者是教师，学生只是受益者，接近情境成分。这似乎是传统外语教学的模式。教学的目标是教给学生自己认为是“好的”或者是“美的”英语，使学生学会标准的、高雅的英语。从方式上讲，教师在不停地教，而学生则只能不停地接受。至于他愿不愿意接受和能接受多少，教师不太注意，而注意的是学生是否在接受。教师通常为自己所选择的美的教学材料，或者是美的教学方式所陶醉。教师的快乐在于知道学生懂得了自己在课堂上所教授的内容并且欣赏自己的教学内容和课堂表演。

### （四）训练学生的英语技能

“教师用英语教导学生”，从人际交流的角度讲，这一教学过程的重点仍然是教师，学生是参与者之一，但只是一个被动角色，他的参与受到外界因素的影响，受到教师行为的支配，他没有学习的主动权。但在这一过程中，教师不再是简单地像给予学生东西一样把语言传授给学生，而是使学生提高了技能，达到教师的训练目标。从课堂内容的角度讲，在这一教学过程中，教师通常提供大量的课堂训练和练习，以及大量考试。教学目标是使学生掌握运用语言的技能。

从教学方式上讲，教师主要给学生大量训练，开展许多活动，学生是这些活动的参与者和训练对象。这种教学模式既相似于传统教学法中教师主导一切的模式，也相似于模式训练法的教学模式，学生只是被训练的对象，自己没有主动权，所以难以发挥学生的主观能动性。这是一种结构主义和行为主义的教学模式。教师不是主要使学生学习语言知识，而是获得语言技能。但这种技能不是实际运用语言的能力，而是一些语言模式，而且这些模式大部分是一些根据结构主义理论提炼出的语言结构模式，而不是根据情境语境中的语境模式而提炼出来的语言功能模式。

### （五）发展学生的意义潜势

“教师使学生成为讲英语的人”，在此，教学过程被看作一个关系过程。教师仍然是一个使学生能够做某个事情（讲英语）的人，但他不仅仅是使学生能够做某个事情，而是使学生成为一个能讲目标语的人。语言被视为一个“潜势”，称为“意义潜势”。教学的目的是使学生掌握这一潜势，使学生会用语言来表达意义。这显然既包括使学生掌握有关语言的知识，也包括使学生掌握语言表达的能力，学会用所学的语言说话。

通过对以上几种教学模式进行比较分析可以发现，教学过程主要被看作一个物质过程，是一种活动，主要参与者是学生和教师。即使是心理过程，教师也是一个使学生做事情的人，是个控制者，而不是“感受者”。但在这个过程中，教师所起的作用是不同的。他可以作为控制者和行为者，学生是目标，也就是说，学生只能被动地接受教师所传授给自己的任何教师认为重要的东西；教师也可以作为训练者，做教练，让学生做一系列活动和动作，他是指挥和指导者，学生是活动的进行者，是行为者。教师还可以是使学生做事的人，他组织学生从事一系列学习活动。从这个角度讲，这几种模式有一个共同点，就是教师的作用越来越趋于向背景移动，而把主要角色让学生来承担。学生越来越成为教学活动的主角和中心。这是现代语言教学理论和方法发展的趋势。通过对以上几种教学目标的分析和比较可以发现，英语教学中的目标可以是：①帮助学生理解英语；②教师帮助学生学会英语；③给学生传授语言知识；④训练学生的外语技能；⑤发展学生的意义潜势，但英语教学的主要目标是教授掌握外语的技能。

英语知识的学习只是辅助的，有利于促进外语学习，但不能代替外语技能的训练。英语教学的较高目标模式应该是综合性的以发展学生的意义潜势为主的目标模式，但最高目标应该是培养学生的跨文化交流能力。

## 二、高校英语教学方法

外语教学法是一门研究外语教学论和教学实践、外语教学过程和教学规律的学科。长期以来，外语教学界最为重视的就是外语教学法。因为，在其他条件等同的情况下，不同的教学方法会导致完全不同的教学效果，随着时代的发展，外部整体的学习环境发生了很大变化，教学模式也做出了相应改革。学生可以不再像以前完全依赖学校或者教师的授课，英语学习朝着个性化、主动式方向发展。教学中若没有相应的教学方法，教学内容就不能很好地传授，教学目的就难以达到。自高校英语教学大纲推行以来，我国的高校英语教学取得了很大的进步，主要表现在英语教学改革初见成效、教学设施得以改善、大学生的英语水平在逐年提高。然而，在高新技术迅速发展的今天，社会对于外语人才的要求越来越高。学生不仅要有扎实的语言知识，还要具备良好的综合素质和交际能力，因此，为了顺应变化的学习环境和教学模式，满足新形势下外语人才的培养需要，我国高校英语教学的当务之急就是改革某些陈旧的教学方法，创造新的教学方法，寻找最优教学法。

最优教学法就是适应特定的社会环境、教学环境、教学对象、教学目的要求的教学法，目的是在充分发挥现有条件的基础上达到最好的教学效果，而不是追求统一的、唯一的方法。任何教学法都有其产生的特定背景，并不能服务于所有教学目的，也不能适用于各种学习阶段，能达到最好教学效果的方法就是最优教学法。

### （一）高校英语传统教学法

外语教学法是外语教学过程中的一个重要成分，是为完成教学任务、实现教师怎样教、学生怎样学以及师生相互作用所采用的方式、手段和途径。外语教学法是一定历史背景和社会环境的产物，是根据不同教学阶段以及教学要求决定的。不同的外语教学法产生于改革外语教育的实践，受制于外语教育的目的，不同的外语教学法并非相互对立，而是长期相互依存的。各类教学法在见解方面相互借鉴，理论内容互相融合。

一方面，英语教学法总是处于批判、继承、发展、创新的过程中。正是这种历史继承性使综合与折中的趋势有了存在发展的可能；另一方面，高校英语改革是与时俱进的，是时代发展的要求。因此，可以说高校英语教学改革不是照搬外国的理论，而是以高校英语教学方法运用的现状与时代要求为立足点，选择一种既符合高校英语教育教学现状又符合时代需要的英语教学方法。由于受不同语言学基础和心理学基础的影响，早期传统教学法往往比较注重语言结构和语言规则的掌握，而相对后起的一些教学法如交际法，则比较注重语言意义和语言功能的掌握，我国高校英语教学中正在使用的、有代表性的几种方法可概括为：语法翻译教学法、情境教学法、交际教学法、任务型教学法。

语法翻译教学法强调学生母语在教学过程中的重要作用，强调母语和英语的共同使用，认为将母语与英语的异同挖掘出来有助于学生更加明确地理解英语。现代语法教学法主张以语法为语言的核心，是外语学习的主要内容，教师只需具备外语语法基础知识和母语与外语互译能力就可在语法理论的指导下开展教学。课堂教学以教师讲解为主，学生被动接受，使语法为阅读教学服务；语法翻译教学法把口语和书面语分离开来，把阅读能力的培养当作首要的或唯一的目标。因此，语言知识的提高、词汇的理解、语法的变化成了课堂的教学重点。在教学中，翻译既是手段又是教学目的，对语法学习的强调，对理性知识的重视，虽然加深了学生对目标语言的理解，对阅读、翻译、写作等方面的培养行之有效，可是围绕着语法规则的记忆与机械操练，学生运用英语进行口头、书面交际的能力仍然比较薄弱。

情境教学法也叫视听法，主要针对听说法脱离语境、孤立地练习句型、影响学生有效使用语言能力培养的问题。在情境教学法中，语言被看作与现实世界的目标和情境有关的有目的的活动。同时还会激发学生学习英语的积极性和热情，帮助学生更为准确和牢固地完成对于英语知识点的记忆。通过获得有价值的感性材料，可以实现英语教学理论与实践的有机结合、为英语的语言知识学习提供良好的条件。情境教学法的不足之处是在运用过程中，强调通过情景操练句型，在教学中只允许使用目的语而完全排除母语，这不利于对语言材料的理解和运用；教师若过分强调整体结构感知，就无法保证学生对语言项目的清楚认识。

交际教学法也叫“功能法”或“意念—功能交际法”。交际能力不仅仅包含语言知识，还应包括语言运用的能力，尤其应该注意语言运用的得体性，它包括对交际时间、交际场合、交际话题、交际方式等诸多因素的灵活把握和运用。交际教学法使语言教学观发生了革命性的变化，在外语教学中发挥了巨大的作用。它提倡以语言功能项目为纲，强调在语言运用中学习语言，从而实现培养交际能力的教学目的。交际教学法在师生共建的课堂互动模式中给学生提供更多使用语言的机会。在继承传统教学法合理成分的基础上，将学生能够运用英语语言能力作为学习的目的。它强调交际的过程，认为有没有一个具体的目标和明确的结果并不重要。交际教学法认为语言是实现交际目的的手段，但是仅仅具有听、说、读能力并不一定就能准确表达意念和理解思想，因为语言的交际功能受制于语言活动的社会因素，教学过程就必须交际化。这就意味着要尽可能避免机械操练，而应该让学生到真实的或接近真实的交际场合进行练习，感受情景、意念、态度、情感和文化修养等因素是如何影响语言形式的选择和语言功能的发挥。因此，教师应该借助课堂或者多媒体教学，多为学生创造、提供交际情境和场合，在真正意义上实现“用语言去学”和“学会用语言”，而不是单纯的“学语言”，更不是“学习关于语言的知识”。

任务型教学法是通过教师引导学生在课堂上完成任务来进行教学的方法，强调“在做中学”，是交际教学法的延伸和发展，教育的重心从教科书和教师转到学生，教师引导学生在各种语言任务中学习。在课堂教学活动中，教师围绕特定的交际项目，创设出目标明确、可操作的任务，学生通过表达、交涉、解释、沟通、询问等多种活动形式完成任务，达到掌握语言的目的，任务完成的同时就是巩固旧知识，并且学习与运用新的语言知识的过程，从而达到学习语言和掌握语言的目的。任务型教学法综合了多种教学法的优点，和其他教学法互相补充、相互完善。通过完成多样化的任务活动，学生的学习兴趣被激发，语言技能和语言知识得到了发展，对培养学生的语言综合能力大有裨益。这与传统的语言操练完全不同。任务型教学法充分体现了以学生为中心、以实现语言运用为目的的教学理念。

### （二）教学活动中多种教学法的综合运用

高校英语教学在方法上越来越趋于多样化、折中化、本土化、学生中心化和学习自主化。这些变化促进了中国的高校英语教学改革。外语教学是一门实践性极强的课程，它需要一定的知识传授，但更需要活泼、较为真实的课堂教学氛围，以及作为英语学习主体的学生的积极参与和大量的交际实践。教师的“教”和学生的“学”是教学的两个重要环节，需要教师和学生共同参与。如何在师生共建的课堂互动模式中，有意识地创造各种语言环境，积极调动学生学习英语的积极性，让学生正确地使用英语知识去表达、交流思想和传递信息，是外语教学法要解决的首要问题；但是英语教学法的运用不是固定的、排他的，这就要求教师在教学过程中灵活地选择有效的英语教学法在以计算机、多媒体和网络为辅助手段的基础上，将不同的教学法穿插使用。这样可以有效地调动学生学习英语的主观能动性，有助于教师及时对教学过程进行调控，同时可以加强学生与教师之间的有效沟通，帮助学生更好地提高自身的语言能力。教师对教学法进行选择时应注意兼顾几个原则：知识的体系性；任务的多样性；情境的真实化。

高校英语的教学目标是培养学生的英语综合应用能力以及用英语进行交际的能力。交际能力由两个方面组成：语言知识和交际知识。语言知识的积累可以提高交际能力，交际实践可以巩固学到的语言知识，并进一步促进交际能力的提高。在这两者的关系中，语言知识的学习是基础，也是最终为语言交际服务的。教师在开展教学的过程中可以参照语法翻译教学法，先讲授词法，然后再讲授句法；采用演绎法讲授语法规则，再举例子予以说明；语法练习的方式一般是将母语句子翻译成外语。在强调阅读作为外语教学的主要目标的同时，考虑对学生听、说、写能力的培养，这样的教学法在很大程度上有助于学生英语知识体系的建构。此外。强调母语和目标语言的共同使用。这样在课堂上，教师适当地采用母语进行解释，尤其是针对具有抽象意义的词汇和母语中所没有的语法现象，既省时省力又简洁易懂；再者，将英汉两种不同的表达方式进行比较，可以提高学生正确运用目的语的能力，因此在教学中可以灵活采用。

教学法能否调动学生的学习兴趣是保证教学质量的关键，因此，在教学中教师应该确保学习任务的多样性。教师在设置任务的时候要以激发学生学习兴趣和成就感为出发点，围绕特定的交际和语言项目，设计出具体的、可操作的任务，让学生在任务的驱动下学习语言知识并进行技能训练，在感知、认知知识的过程中达到学习和掌握语言的目的。活动可围绕教材但不限于教材，要以学生的生活经历和实际交际活动为参照，不仅要有利于学生英语知识的学习、语言技能的发展和运用能力的提高，还应有利于促进英语学科和其他学科之间的相互渗透和联系，使学生的思维能力、想象力、协同创造精神等综合素质得到提高和锻炼。比如，上课之前让学生利用课余时间通过图书馆、网络等媒介查阅相关资料，了解本单元的中心主题；建立学习小组，成员之间互相检查背诵、记忆教材内容或者根据课程内容提前安排小组排练表演并进行课堂展示等；在课堂上鼓励学生积极参与到各项学习、讨论、陈述中。由于学习任务包含有待实现的目标和需要解决的问题，因此会激发学生对新知识、新信息的渴求。这样，学生通过实施任务和参与活动，就能促进自身知识的重组与构建，摄入新信息并与学生已有的认知图式进行互动、连接、交融与整合。

在教学中教师应通过模拟真实情境来拓宽教育空间，增强学生的感受性，强化参与意识，从而有效地提高教学效果。传统的课堂教学被局限在教室中进行，现代信息技术的广泛应用使教育空间的拓展成为可能。教师可以在课堂教学中借助多媒体教学设置，为学生创设真实的语言环境或模拟情境，在模拟的情境中完成语言知识的学习和操练，在实践中提升交际能力。传统教学法的弊端之一就是教学法给学生造成一种距离感，形成“你讲我听”的被动状态。而情境教学法由于教师根据教材和心理理论创设了有关情境，从而缩短了师生的心理距离，强化了学生积极参与的意识，情境教学法强调在英语教学中充分利用生动、形象、逼真的意境，使学生产生身临其境的感觉，利用情境中传递的信息和语言材料，激发学生用英语表达思想感情的欲望，促进学生的语言能力及情感、意志、想象力、创造力等的整体发展。情境教学法的教学实践是以课堂教学为主线，综合运用多种办法创设真实语言情境，营造英语氛围，实践交际。教师可以鼓励学生在课后使用视听设备和语言实验室来放映英语电影，收听英语广播、收看英语电视节目，通过情境、视听教学，让学生把握地道的语音、语调和了解西方的文化背景。情境教学法既能突破传统外语课堂教学的狭隘性、封闭性，拓宽教学空间，又能引起学生的兴趣，唤起学生的参与意识，提高教学质量，对外语课堂教学来说这是一种切实可行的教学法。教学要以重视、发展语言技能和交际能力为主，应采用多种交际功能项目，保证交际的趣味性。

由此可以看出，每种英语教学法自有它产生和存在的条件。在实际教学中教师应该仔细研究各种教学法的特点。熟悉并掌握其中的技巧，不能盲目地推崇某一种教学方法，否定另一种教学方法，应根据教学活动的具体情况综合使用各种教学法。事实证明，没有一种单纯的教学方法是万能的，过多地依赖或推崇某一种教学法的做法往往会在具体的教学实践上产生某种偏差。这不利于外语教学的进一步发展与提高。高校英语教学大纲要求教师不仅要向学生传授语言知识，训练语言技能，还要培养学生运用英语进行交际的综合能力。这一要求是立体的、多层次的，而且当前大学生获取知识的渠道多样化，自学能力强，所以，教师在教学中必须秉着客观、实事求是的态度，结合教学特点、学生的实际情况以及现有的教学资源，选择合适的教学法，从而有效地开展高校英语教学。

## 三、高校英语的教学手段

教学手段是构成教学系统的重要因素之一，是为了实现预期的教学目的，教学手段是师生教学相互传递信息的工具，媒体或设备。高校英语教学应尽可能地为学生创设自主式学习环境，体现个性化教学。将多样化和立体化引入传统的英语课堂，这些要求对高校英语教学提出了新的挑战。高校英语教学须从调整教学观念及教学手段等方面入手，重新审视并合理地运用传统教学手段和现代化教学手段。使教学以更快的速度、更高的效率、最大限度地激发学生的学习动力及开发他们的潜力，以保证新形势下高校英语教学的质量。

现代信息技术的应用与普及尤其是多媒体技术和网络技术的结合，为外语教学提供了强大的技术手段，特别是多媒体外语教学软件的出现给外语教学带来了勃勃生机，在教学中充分利用以多媒体技术为核心的现代教育技术是高校英语教学改革和发展的必然要求，是各高校英语改革的主要方向。传统的英语教学模式主要是面对面的单向式课堂教学，多媒体网络教学以其形象性、生动性、先进性、高效性等特点弥补了传统教学中的不足，成为现代化教学的一种重要手段而被广泛采用。

### （一）现代化教学手段的利弊

现代化的多媒体教学手段集声音、图像、视频和文字等媒体为一体，具有形象性、多样性、新颖性、趣味性、直观性、丰富性等特点。它可以根据教学目的、要求和教学内容，创设形象逼真的教学环境、声像同步的教学情景、动静结合的教学图像、生动活泼的教学气氛。它是现代科学技术的发展在教学中的反映，具有直观性强、智能化的特点。多媒体的应用可以用来设计全新的整体教学过程和交互性、个性化的训练方式，促使教学过程发生根本变化，形成教师、学生、教材和教学方式的新组合，能为学生提供一个良好的视觉、听觉交互式语言环境，起到其他教学手段无法比拟的教学效果。与传统的教学手段相比，多媒体辅助教学有着明显的优势。多媒体是集图、画、视频、音频与文本于一体的教学手段，它从视觉、听觉与感觉等方面同时刺激神经系统，使学生动脑、动眼、动嘴、动耳、动手，开展积极的思维活动，提高语言交际能力。教师在多媒体教室使用现有的多媒体软件，通过动态过程的演示和模拟情境，将知识以图文并茂的形式展示出来，通过形象逼真、色彩鲜艳的画面、生动有趣的形式充分刺激学生的多种感官，使单调的书本知识形象化、具体化，极大地激发学生学习的兴趣，为学生参与听、说训练创造良好的气氛和环境。同时，学生可以借助计算机，根据各自的喜好选择不同的学习内容，既可听单词、课文的朗读，也可以通过虚拟课堂讨论、角色扮演、游戏等来培养英语思维能力，有效地提高英语的实践能力。

现代化教学手段能够增大课堂信息容量，提高授课效率。课堂教学中引入多媒体课件，可以增加课堂信息量，大幅度降低教师的劳动强度，提高课堂效率。传统课堂教学需要教师写板书、学生记笔记，教师与学生劳动强度都较大。计算机多媒体技术的发展为教学提供了强大的技术支持，教师可以运用计算机事先准备好授课内容，制作汇集大量的文本、图形、图像、视频、音频资料的课件，这样就能充分利用课堂时间。多媒体课件包含的信息量大，以其信息和数据表达的多样性，调动学生多种感觉器官参与学习，更增强了学习的趣味性，从而提高授课效率，相比于传统教学而言，在同样的时间里可以呈现更多的信息，因为多媒体教学节约教师写板书的时间，降低教师的劳动强度，使教师在单位时间内向学生传递更丰富的知识，而且可以有效地压缩课内教学学时，给学生以更多的讨论、小组活动、师生互动的时间。教师也可在课后将课件输送在校园服务器上，供学生随时查阅，这无异于给学生提供一本完整的课堂笔记，从根本上解决了学生上课时听与记之间的矛盾。

### （二）传统教学手段与现代化教学手段的运用

教学手段是教育者通过教学内容联系教育对象的桥梁，是教学主体与客体交流教育信息的物质基础。教学手段的运用直接影响师生之间信息传递的质量与效果，进而影响教育对象的思维发展。随着现代科学技术的发展，教学实践条件发生了变化，多媒体教学受到越来越多的重视和应用。传统教学授课形式较为单一且趣味性不强，但是传统教学手段在高校英语教学中表现出的优势对于提高整个高校英语教学水平无疑是有积极促进作用的。因此，针对传统教学手段和多媒体教学手段各自的特点，教师在教学过程中应重新审视如何合理地运用传统教学手段和现代化教学手段，做好两种教学手段的整合，以提高高校英语教学的质量。

传统教学手段主要是借助文本教科书、挂图、教师的大脑等记录、储存教育信息。教师备课认真，讲课内容丰富，讲课有条理。学生通过观察教师的表情、动作等肢体语言，可以领会教师的用意，从而有助于对知识的消化和吸收，在课堂上师生交流的机会较多。与现代教学手段相比，以“粉笔+黑板”为标志的传统教学手段虽然过于费时、形式比较单一但却是在长期教学实践中保留下来的一种传播知识文化的方式。它在加强师生之间的互动关系、调动学生积极思考、通过教师的肢体语言传达给学生直观的感受等方面发挥着巨大作用，其特有的教学效果是现代教育技术不可替代的。

现代教学手段以信息处理的高速度、高容量、多媒体和交互性，极大地提高了教学效率，这就从根本上改善了高校英语教学的环境，可以极大地丰富传统的教学手段，二者互相补充、扬长避短就可实现教学手段的优化整合。为英语教学提供新思路，从根本上改善传统教育中存在的问题。

多媒体教学作为重要的现代化教学手段在高校英语教学中受到重视并得到较为广泛的应用，但是过分夸大计算机辅助教学的功能，以计算机来完全代替传统教学的教学手段是不现实的，因为多媒体辅助教学手段仅是构成教学环境的一个重要方面，不可取代教学过程中的所有环节。在教学中要根据教学目标、教学内容以及教学对象的特点，有针对性地设计和选取教学手段，将多媒体教学手段与传统的教学手段有机结合，实现优势互补，才能提高高校英语的教学效果和质量，提高高校大学生的英语综合运用能力，为我国的社会发展和经济建设输送高素质的外语人才。

# 第二章　高校英语教学设计优化的内涵与模式

## 第一节　高校英语教学设计优化的内涵

### 一、高校教学设计优化的基本内涵

#### （一）教学与设计

人类为了培养下一代、实现文明的传递而兴学，因办学而兴教，所以才有了教学活动。教学作为人类的一种社会实践活动，是教师指导学生学习的教育活动，是学生在教师的指导下的学习活动，是教师与学生之间的知识与技能、过程与方法、情感态度与价值观的传承与养成活动。

在教学活动中，教师是教学活动的主体，学生也是教学活动的主体，因而教师和学生是交互主体。正是教学的多主体性，使教学需要的多主体形成合力，才能实现教学目的。

作为人类有目的的活动，教学活动应该具有明确的教学目的，并自始至终指向教学目的。教学是人类培养人的活动，知识与技能、过程与方法、情感态度与价值观的传承。

教学是以培养人为目的的，而通过教授什么内容来培养人，则是培养什么样的人的关键，所以教学内容对人才培养至关重要。

教育是人类有目的的活动，教学是学校教育最主要的教育活动，具有明确的目的。不同学科的教学虽然具有共同的教学目的，但也有各自不同的教学目标。在不同学段、学年、学期、星期，不同的教材、单元、课文、活动中，教学目的表现为不同的教学目标，而教学目标又可以分为不同的领域或层次。

教学活动的这些目的需要经过精心预设的教师的教学活动和学生的学习活动，以及师生之间的互动活动的实施才能达成。教师作为有经验的学生，了解学习特性，可设计出系列的活动引导学生进入学习状态。学生在教师预设活动的引导下，内化学习内容，达成知识与技能、过程与方法、情感态度与价值观统一的学习目标。

教学需要采用一定的教学方法，借助一定的教育技术。人类在长期的教学活动中已经形成了大量有效的方法。现代科学技术，尤其是信息技术的发展，也为教学提供了众多的教育技术。

预设的教学活动是否达到了教学目标，需要通过评价活动来确定。评价不仅可以检测教学是否通过预设的活动达到目标，而且是确定教学目标的参考性的依据。

教学是一种有计划的活动。作为有计划的活动，教学当然需要制订计划。制订教学计划，需要基于已知的教学因素。

当人们根据已经确定的行动目标，基于已知的条件，制订某一行动计划，该活动就是一种设计活动。产品设计、建筑设计、服装设计，都是如此的活动。

教学活动具有明确的、已知的教学目标，教学计划是基于教学内容、教学条件、教学对象等已知条件而制订的，显然这种制订计划的活动就是对教学活动的设计。教学设计是一种为了提高教学有效性，依据已知教育原理、教学方法和技术而制订行动计划的设计活动。

教学是指学生在教师的引导下，在有计划的系统性的过程中，依据一定的内容，按照一定的目的，借助一定的方法和技术，主动学习和掌握知识、技能，同时全面发展的活动。

设计是人类为了改变现状，依据已知原理、方法和技术而制订计划方案的活动。

### （二）教学设计的内涵

1. 教学设计是一项技术

对于教师而言，教学设计是一项能大力提高教学有效性的技术，具有非常显著的实践操作性。

教学是一门科学，而教学设计是建立在教学科学这一坚实基础上的技术，因而教学也可以被认为是科学型的技术；而教学的目的是使学生获得知识技能，教学设计的目的是创设和开发促进学生掌握这些知识技能的学习经验和学习环境。

作为一项设计技术，教学设计显然是以提高教学的有效性为目的的。如何基于学习经验和学习环境，设计出高效率的教学活动，是教学设计技术的重点。

教学设计作为一项技术，是建立在已知原理、方法和技术基础之上的。要掌握这一技术，显然需要掌握这些已知原理、方法和技术。

教学设计作为一项技术，包括一套技术工具，掌握这些技术工具，是实施教学设计的关键。

2. 教学设计是一个过程

教学作为一种活动，本身就是一个过程。教学设计作为一种教学准备活动，也自然是由一系列可分解的活动组成的过程。

教学设计一直被界定为是用系统的方法来分析教学问题、研究解决问题的方法和途径，是评价教学结果，修改和确定教学规划的过程。教学是以促进学习的方式影响学生的一系列事件，而教学设计是一个系统化规划教学的过程。教学系统设计是运用系统方法分析研究教学过程中相互联系的各部分的问题和需求，确定解决它们的方法步骤，然后评价教学成果的系统计划过程。教学设计是指运用系统方法，将学习理论与教学理论的原理转换成对教学资料、教学活动、信息资源和评价的具体计划的系统化过程。

教学系统设计是运用系统方法分析教学问题和确定教学目标，建立解决教学问题的策略方案、试行解决方案、评价试行结果和对方案进行修改的过程。教学设计主要是运用系统方法，将学习理论与教学理论的原理转换成对教学目标、教学内容、教学方法、教学策略、教学评价等环节进行具体计划、创设教与学的系统过程或程序，而创设教与学系统的根本目的是促进学生的学习。教学设计是运用现代学习与教学心理学、传播学、教学媒体论等相关的理论与技术，来分析教学中的问题和需要、设计解决方法、试行解决方法、评价试行结果，并在评价基础上改进设计的一个系统过程。它不是力求发现客观存在的尚不为人知的教学规律，而是运用已知的教学规律去创造性地解决教学中的问题。

教学设计作为一个过程，我们自然应该把握其过程性。其过程性的特征说明，教学设计不是一个封闭的体系，而是一个在过程中不断开放的体系，只要学习的过程没有结束，教学设计的过程就没有结束。

3. 教学设计是一种理念

从教师的教学实践来看，教学设计是一种基于现代学习理论的现代教育技术，是教师基于学生特征等学习需求分析，设计教学目标、教学过程、教学策略、教学技术，并进行评价反馈，以进行教学准备的过程。教学设计的技术与工具也可用于对课堂教学进行过程性、质量性分析。

在这个意义上说，教学设计是一种以学生为中心的预设教学活动的理念。只有我们把握了这一理念，才能真正理解和实践教学设计。

教学设计体现一种教学理念，是一种技术，是一套工具，是一个过程，这一技术和工具主要用于教学准备，也用于教学评价。由此可知，教学设计不是一般意义的教学准备

(备课)。一般的备课只是教师自己根据惯例进行教学准备的活动，没有必须使用的工具：教学设计则是一种具有自身的工具系统的技术，是一个不断修正的过程，更体现一种以学生为中心的教学理念。

### （三）教学设计的理论基础

尽管教学具有漫长的历程，教学设计却还是一个非常“年轻”的领域。教学的悠久历史形成了丰富的教学理论，不同学科都在探讨教学问题。各个学科对教学问题的深入思考，为教学设计的形成和发展打下了坚实的理论基础。

对于教学设计的理论基础，存在单基础说（认知学习理论）、双基础说（传播理论、学习理论）、三基础说（学习理论、教学理论、传播理论）、四基础说（系统理论、学习理论、教学理论、传播理论）、五基础说（系统理论、学习理论、教学理论、传播理论、设计理论）、六基础说（系统理论、学习理论、教学理论、传播理论、设计理论、教育哲学）。

教学设计的理论基础主要有三个方面：一是方法论层面的理论基础，这给教学设计以哲学的高度，使教学设计不仅仅停留在教学层面；二是教与学的理论基础，这使得教学设计的探讨可以从根本做起，学习理论、教学理论这两个领域是教学设计的教与学理论基础的主要内容；三是技术基础，包括传播理论和设计理论两个领域。

人类自古就有系统思想，不过在20世纪出现的系统论，则是系统思想的集中表达。

系统论的核心思想是系统的整体性。系统论强调，整体大于部分之和，任何系统都是一个有机的整体，它不是各个部分的机械组合或简单相加，系统的整体功能是各要素在孤立状态下所没有的新性质。

系统论把世界上任何事物都看成是一个系统，一切观察对象都是一个系统，应该从整体上分析系统的组成要素及其之间的关系、系统的结构和功能，以及系统、组成要素、环境三者的相互关系和变动的规律性，并根据分析的结果来调整系统的结构和各要素关系，使系统达到优化目标。由此可见，教学也是一个系统，包括教师、学生、教学条件等组成部分，这些构成一个完整的系统。

系统论强调系统的整体性。教学作为一个系统，其教育目标应该是一个整体，教学每一个环节都应该指向这一整体目标。教学过程更是一个整体，每一个具体教学活动的存在都是为了构成一个完整的整体。

系统内部具有一定的时序。教学特别需要强调知识本身的逻辑顺序，如学习的时间顺序、课堂活动的顺序等。

系统论认为系统不可缺少相应的反馈系统。教学的评价的学习理论和教学理论下的省略号表示：学习理论和教学理论还将不断发展。

系统是由若干要素以一定结构形式根据一定目的构成、具有某种功能的有机整体。

1. 学习

从过程看，学习是通过个人实践引发个人行为与能力发生变化的活动过程；从结果看，学习是按某种方式表现出某种行为的能力的持久变化。

在教学过程中，教师、学生和教育管理者都不断获得系统的反馈，调整教学活动。

系统论认为系统不断走向平衡，而平衡又不断被打破，走向不平衡。教学就是这样一个平衡—不平衡—再平衡—再不平衡的动态平衡过程。

既然教学是一个系统，教学设计自然需要依据教学的系统特征开展。因此，系统理论成为教学设计的方法理论层面的理论基础。

2. 教与学的理论

学习理论是研究人类学习的本质及其形成机制的心理学理论。心理学家从不同的认识论出发，提出了不同的学习理论。当代最有影响的学习理论主要有三种：行为主义学习理论、认知主义学习理论和建构主义学习理论。

行为主义学习理论认为，学习是建立一种刺激—反应（S-R）之间的联结与强化的过程，教学就是对学生进行恰当的刺激，以促进学生形成、维护或强化预设的反应。

认知主义学习理论认为，学习是由感知觉、记忆、提取、鉴别、比较、分析、综合等组成的复杂的信息加工过程，教学就是促进学生进行内在的信息加工得到预设的学习目标，教师向学生传授知识和技能。

建构主义学习理论由认知主义学习理论发展形成，认为人类的知识是学生在与外部环境的互动过程中自我建构获得的，因此教学应该以学生为中心，教学应该是为学生创造自我建构的环境，学生是学习的主导者，教师只是协助者、引导者、材料提供者。

教学的目的是促进学习，这是当代教学理论的核心。当代具有影响的教学思想主要有程序教学思想、结构主义教学思想等。

程序教学（programmed instruction）思想是行为主义的教学思想。程序教学思想认为，教学就是为学生设计合理的学习程序，建立最有效的刺激强化内容。具体是根据教学内容的难度设计从易到难的教学活动程序。

程序教学思想对于教学设计的影响很大，因为程序教学思想认为可以设计出固定程序的教学机器，帮助学生学习。这是教育的技术本质取向的典型表现，促进了教育技术学科化的发展。

结构主义教学思想是结构主义影响下的教学思想，每一门学科都由一系列的基本概念和原则等基本结构组成，如数学的交换律、分配律、结合律等。

按照结构主义教学思想，教学应该遵循动机原则（动机是学习成功的重要因素）、结构原则（教学必须促进学生掌握学科的基本结构）、程序原则（教学应设计和选择最佳的教学程序）、强化原则（教学应通过反馈使学生及时强化所学知识）。

学习理论和教学理论的其他思想都对教学设计形成这样或那样的影响，而且不断出现的新的学习理论和教学理论也会对以后的教学设计带来很多影响，原因是：教学设计本质上是教学的设计，对学习和教学的理解自然会影响教学设计者对于教学活动的设计。

3. 技术理论

传播理论是研究自然界一切信息传播活动的共同规律的理论。传播理论强调人类的一切交往活动都是传播活动，当代社会重要的信息通道就是报纸、电视、互联网等大众传播媒体。根据传播理论，教学是一种教师与学生之间的传播活动。因此，对教学的研究也需要传播理论的指导，而对教学的设计就自然需要研究对教学中传播的设计。教学也是一种传播活动。

## 二、高校英语教学设计优化的基本内涵

### （一）英语教学的本质特性

1. 外语教育

外语就是外国语言。对于中国学生而言，英语当然是一门外语。因此，中国的英语教育本质上是外语教育。

作为外语教育，英语教学需要考虑英语与中国英语学生的母语（主要是汉语）之间的巨大差异。英语属于日耳曼语系，使用拼音文字，汉语则属于汉藏语系，使用象形文字；英语呈现西方文化，汉语呈现中华文化。这些都对英语教学有着本质影响。

2. 学科教学

学校教育主要采用分学科的教育制度，由不同的学科实现共同的教育目的。英语作为学校教育的一门学科，既需要实现学校教育的总体目标，又需要实现学科自身的目标。

学校教育的最终目标是促进学生的全面发展，英语学科也应促进学生的全面发展。基于学校教育总体目标，英语学科的具体目标如下：

（1）语言能力

英语作为语言学科，自然要培养学生的语言能力，但其主要是培养的是语言运用能力。培养语言能力，需要语言知识、语言技能、语言学习策略、语言相关的文化等方面的教学。

（2）综合素质

语言能力是一个人的综合素质的体现。语言能力的培养需要以综合素质的培养为基础，其核心是理解能力、表达能力、分析问题的能力、解决问题的能力等。

3. 跨文化交往

外语学习本质上是一种跨文化交往活动，因为语言本身是文化的组成部分。同时，学习外语涉及对外语所呈现的文化的接触，这使外语教学本质上成为一种跨文化交往活动。

在外语教育中，跨文化交往是无所不在的。英语所呈现的文化对于中国学生来说，是一种与汉语有很大差异的思维方式、生活方式、价值体系、社会形态等。这些都使得英语教育本身成为中国学生的一种跨文化交往活动。

中国学生应该如何面对学习英语过程中的跨文化交往活动，显然是一个很大的问题，这也正是外语教育从来都是一个政治和文化选择的重要原因。在中国开展英语教育，需要形成明确的跨文化态度，这是英语作为外语教育的跨文化基础。

我们可以说，英语教学在中国是一种学校外语学科教育的跨文化交往活动。

## （二）英语教学设计的核心内涵

1. 语言学习理论

无论是行为主义学习理论、认知主义学习理论、建构主义学习理论，还是其他学习理论，都对语言学习有诸多探讨，形成了丰富的语言学习理论。行为主义学习理论的刺激—反应（S–R）对于语言学习尤其是外语学习的知识记忆与技能掌握都是不可或缺的学习行为。认知主义学习理论的感知觉、记忆、提取、鉴别、比较、分析、综合等信息加工活动是语言学习，尤其是外语的知识学习与听、读技能训练的重要的学习活动。建构主义学习理论的学生中心理论、自我建构理论、语境理论都是语言学习，尤其是外语学习的重要理论基础。因此，外语学习是一种在语境等因素的刺激下，经过信息加工，自我建构相关外语知识和外语技能，形成外语运用能力的活动。

为了提高外语学习的有效性，了解外语学习理念的英语教师应在教学准备时，坚持以学生为中心，精心设计外语学习的刺激源、信息加工的过程、自我建构的过程与策略等，以引导学生形成相应的外语运用能力。

2. 外语教学理念

外语教学设计是教师为了提高外语教学的有效性而开展的外语教学准备活动，因此，外语教学理念是外语教学设计的重要内涵。

外语教学方法的种类众多，无论是经典的语法翻译法、直接法、听说法、情境法，还是交际法等，都对外语教学有着或此或彼的作用。对一些具体的教学内容，不同的方法有不同的作用。

外语教学设计就是根据不同的教学内容、教学目标、学生特征、教学条件等，选择恰当的教学方法，形成科学、合理的教学过程、教学策略、教学活动等，引导学生形成外语运用能力。

3. 外语教育技术

教学设计是一种基于系统理论、传播理论、设计理论的教育技术，这些技术对于外语学习非常重要。

外语学习是一项系统工程，无论学习目标、学习内容、学习过程、学习活动，还是评价活动，都应基于系统理论进行设计。

外语教学作为一种教育传播活动，特别是在外语资源非常缺乏的环境下教师应准确分析传播内容、传播对象，合理设计传播方法等，这样才能实现有效传播，促进学生的自我建构。

总之，外语教学设计是一种设计活动，教师应科学地把握教学方法、学习过程、学习活动、评价活动等的特性，才能科学地设计教学。

## 第二节　高校英语教学设计优化的模式

### 一、教学设计优化的模式

#### （一）教学设计模式的类型

教学设计模式数以百计，下面从不同的角度试将其进行分类。

1. 基于教学设计内容的层次的分类

依据教学设计的内容的不同层次，教学设计可分为以产品为中心的模式、以课堂为中心的模式和以系统为中心的模式。

（1）以产品为中心的模式

这里的“产品”包括教学媒体、教学材料、教学包等。教学产品的类型、内容和教学功能由教学设计人员、教师、学科专家、媒体专家及媒体技术人员共同确定，并对产品进行设计、开发、测试和评价。

（2）以课堂为中心的模式

这个层级的设计范围是课堂教学，即根据课程标准的要求，针对特定的学生，在固定的教学设施和已有的教学资源的条件下进行教学系统设计，其设计工作的重点是充分利用已有的设施或选择或编辑现有的教学材料来完成教学目标。

（3）以系统为中心的模式

该“系统”指的是比较抽象、综合和复杂的教学系统，如一所学校、一门新专业课程的设置、一项培训方案等。这一层次的设计通常包括系统目标的确定、实施目标方案的建立、试行、评价和修改。由于该层次涉及内容面广，难度较大，因此通常由教学设计人员、学科专家、教师、行政管理人员，甚至由有关学生组成的设计小组来共同完成。

2. 基于教学设计理论基础的分类

教学设计有多种理论基础，基于不同的理论基础，教学设计模式可分为以下几种。

（1）基于一般系统理论的过程模式

系统设计过程六要素：确定学生需要；确定总目标与具体目标；建立评估程序；设计、选择传递途径；适用教学系统；安置并维持系统。任何系统设计过程模式均是围绕着这六个要素展开的，因而具有一般性特点。

根据不同的应用情景与教学目标，不同的系统过程模式在六要素的排序与侧重点上有差异。以系统思想为核心的过程模式，对教学各种因素的分析，对传递途径的设计和选择等，都需要设计者运用系统思想统筹考虑设计过程中方方面面的关系和作用。其主要特点是，比较强调构建项目框架结构，往往把焦点集中在教学设计的全过程和全方面上，而忽略对教学设计具体过程及步骤的描述。因此，以系统论为基础的教学设计模式，难以充分体现教学设计过程的特性。

（2）基于学习理论与教学理论的过程模式

①迪克—凯瑞模式。该模式以教学理论为构建模式的基础，比较贴近教师的现实教学情况，使用比较普遍。

该模型中包括了以下几个相互联系的组成部分，每个组成部分都从前面步骤中接收输入，并且输出作为后续步骤的输入，所有这些组成部分共同发挥作用，从而形成有效的教学。

进行教学分析。在确定教学目标之后，便需要确定实现目标所需要的步骤。通过对下位技能进行分析，明确为实现某一学习目标而必须具备的从属技能和过程步骤。分析过程的结果是形成一个达到目标所需要的所有从属技能的图示描述，及明确各项从属技能之间的关系。

确定初始行为。除了明确教学中必须包括的下位技能和过程步骤之外，还要明确学生在教学开始之前必须掌握的特定技能。这并不仅仅是列出学生已经能够做的所有事情，而是在开始教学时确认一下学生一定能够掌握的特定技能。

写出表现目标。基于对教学的分析和对初始行为的表述，教师应该具体地描述出学生在教学结束时能做什么。描述教学具体目标时应包括要学习的技能、技能操作的条件以及行为表现是否合乎规范的标准。

开发标准参照测试。根据已经编写的教学目标，教师应设计出与目标中学生要掌握的能力相对应的评价项目，并测量这些能力。重点应该放在如何将目标所描述的行为类型和评价所要求的表现保持一致。

开发教学策略。基于来自前面部分的信息，教师应继续确定自己将在教学中运用到的策略以及达到最终目标的媒体。策略包括教学准备活动、信息呈现、练习和反馈、测试以及后续活动等部分。设计策略要借鉴对学习研究的现有成果、教材的内容，以及对学生的特征的考虑。这些特征将用来构思或选择材料，或开发用于互动式课堂教学策略。

开发或选择教学材料。在这一部分，教师将利用教学策略来开发教学材料。这部分包括各种不同形式的教学材料的准备，也包括测验和教师指导。开发材料的决策将依赖于可利用的现有相关材料和能支持发展活动的资源。

设计和进行形成性评价。一次试教完成之后，要进行一系列的评价和数据资料收集，以便确定如何做出改进。形成性评价分三个阶段进行，分别是“一对一”评价、小组评价和现场评价。每一种评价类型都可为设计者提供能用于改进教学的数据或信息。

修正教学。通过对形成性评价的数据进行总结和诠释，教师可以明确学生在学习达标过程中所遇到的困难，并将这些困难与教学中具体的不足相联系。修正教学的形成性评价的数据不仅用来修正教学本身，也用来重新检测教学分析的有效性和对学生的初试行为与特征的假设。重新检测对行为目标的表述和评价项目的准确性也是必要的。当然，对教学策略进行回顾也是必不可少的。正是在对教学各环节进行调整并最后把所有这些调整结合为对教学的修正，才能不断提高教学有效性。

设计和进行总结性评价。虽然总结性评价是教学效果的最后评价，但它通常并不包含在教学设计过程之中。总结性评价是对教学的绝对价值和相对价值的评价，只有在对教学进行形成性评价并修正到符合设计标准之后才得以进行。因为总结性评价通常不包括教学的设计者，而是由一个独立的评价者进行，所以这个成分本质上不作为教学设计进程的有机组成部分。

②加涅的教学设计理论。美国著名教育心理学家加涅（Gagne）对教学系统设计理论的建立做了许多开创性的工作。加涅的教学系统设计理论建立在两个基本观点之上：第一，学生的“学”才是获得学习结果的内因，教师的“教”只是外因，所以应“以学论教”；第二，不同的学习结果需要不同的学习条件，即迪克—凯瑞教学设计模式强调在形成性评价之后进行修正教学，然后进行总结性评价。

这一方式有什么优势？在具体课堂教学实施中有什么困难？

加涅提出了一个关于知识与技能的描述性理论，并认为学校学习的知识与技能可以分为五种类型：言语信息、智慧技能、认知策略、动作技能和态度。

在加涅看来，由于人类的内部心理加工过程（即信息加工过程）是相对稳定的，所以作为促进内部心理加工过程的外部条件即教学事件也应是相对不变的。基于此观点，他根据学习过程中包含有多个内部心理加工环节，推断出相应教学过程应由九个教学事件构成：引起注意、告诉学生目标、刺激对先前学习的回忆、呈现刺激材料、提供学习指导、诱导学习表现（行为）、提供反馈、评价表现、促进记忆和迁移。

加涅特别指出，以上九个教学事件的展开是可能性最大、最合乎逻辑的顺序，但也并非机械刻板、一成不变的，也就是说，并非在每一堂课中都要提供全部教学事件。

③美国教育心理学家梅瑞尔（Merrill）在此基础上加以总结，提出了“九五矩阵”教学模式（见表2-1）。梅瑞尔的“九五矩阵”教学模式在哪些方面发展了加涅的九环节学习过程？这些发展对我们理解学习过程有什么作用？

“九五矩阵”能否解释你的所有英语学习过程？为什么？

**表2-1 “九五矩阵”教学模式**

| /学习/结果教学/事件/ | 语言信息 | 智力技能 | 认知策略 | 态度 | 动作技能 |
|---|---|---|---|---|---|
| 引起注意 | 刺激变化 | 刺激变化 | 刺激变化 | 刺激变化 | 刺激变化 |
| 告诉目标 | 说明希望学生达到什么状态；指明要求回答的语言问题 | 实际示范要运用哪一种概念，规则或程序；提供行为的类别或实例 | 说明或实际示范某一策略；澄清希望采用的解决办法的一般性质 | 不说明目标；提供旨在做出选择的行为类型 | 实际示范期望的行为 |

续表

| /学习/结果教学/事件/ | 语言信息 | 智力技能 | 认知策略 | 态度 | 动作技能 |
|---|---|---|---|---|---|
| 回忆原先知识 | 回忆组织有序的知识实体；刺激回忆有组织信息的上下文情境 | 回忆先决规则或概念；刺激回忆从属规则概念 | 回忆较简单的先决规则或概念；回忆该学习所要求的任务，策略及与之相关的知识技能 | 回忆做出个人选择的情境及行动；运用榜样实际示范这种选择；回忆相应的信息和技能 | 回忆执行子程序及组成技能 |
| 呈现学习材料 | 利用区分明显的特征；呈现书面的或视听型言语陈述 | 描述对象或符号的特征使之带有概念或规则的形式；提供概念或规则实例 | 说明问题的症结之所在；并展示要施行的策略 | 由榜样说明做出选择的性质；由榜样实际示范他人的选择 | 提供包括工具及实施特征的外部刺激，实际示范执行子程序 |
| 提供学习指导 | 通过知识实体间的相互联系详细说明内容；利用形象和记忆术提供纳入更大的有意义的上下文情境的言语联结 | 给出概念或规则的具体实例；为适当的序列联结提供言语线索 | 对给出有实例的策略提供言语指导；对新的解决办法给予指点或启发；由榜样说明或实际示范行为选择；同时观察榜样对行为如何进行强化 | 反复练习；提供反馈性的练习 | 反复练习，提供反馈性练习 |
| 诱发行为 | “说出来”：请学生解释信息 | 未曾遇到过的情况：请学生在新的实例中运用概念或规则 | 要解决的问题：特别是解决不熟悉的问题 | 在以前未曾遇到过的情景中观察所做出的选择；问卷调查；在真实的或模拟的情境中做出选择 | 完成指定的行为 |

续表

| /学习/结果教学/事件/ | 语言信息 | 智力技能 | 认知策略 | 态度 | 动作技能 |
|---|---|---|---|---|---|
| 提供反馈 | 确定信息陈述的正确程度 | 确定运用概念或规则的正确程度 | 确定解决问题的独创性 | 对行为选择做出直接的或替代的强化 | 对有关动作的精确性及事件要求提供反馈 |
| 评价表现 | 要求说出陈述的各种含义：学生用释义的方式重新说明信息 | 在一系列附加的新实例中学生实际表现运用概念或规则 | 学生独创性地提出；一个新的解决办法 | 学生在一个真实的或是模拟的情景中做出期望的选择 | 学生完成由制定技能组成的行为 |
| 增强记忆和促进迁移 | 在一个更大的有意义的上下文情境中增加练习和定时复习；与附加的信息复合体达成语言联结 | 在一个更大的有意义的上下文情境中增加练习和变式练习；提供包括实例变式的定时复习 | 提供解决各种新问题的机会 | 为经过挑选的行为选择提供附加的多样化的情境 | 学生持续练习技能 |

梅瑞尔的 CDT 理论主要是认知领域的教学系统设计理论，对教学策略进行了较为详尽的规定。该理论将“目标—内容”模型的两个维度进行整合，并将其中每一个教学活动与学生学习能力相对应，我们可以得到教学活动成分与学生学习能力对应表。

### （二）教学设计模式的要素

以上教学设计模式都是基于不同视角对教学设计的分类。对于教学设计实践而言，我们可以从以上模式中提炼归纳出一个简洁、明了的教学设计的一般模式，该模式的要素有：学习需要分析、学习内容分析、学生特征分析、教学策略设计、教学过程设计、教学技术设计、评价目标确定与方法选择、形成性评价设计和总结性评价等。

实际上，不论哪一种教学过程设计模式，都包含四个基本要素。

第一个基本要素是学生。教学系统的服务对象是学生，为了做好教学工作，必须认真分析、了解学生的情况，即掌握他们的一般特征和初始能力，这是做好教学设计的基础。

第二个基本要素是学习需求（学习目标）。通过教学活动，学生应该掌握哪些知识和技能，培养何种态度和情感，用可观察、可测定的行为术语精确地表达出来。同时，也要尽可能地表明学生内部心理的变化。

第三个基本要素是教学策略。为了完成特定的教学目标，对学生所采用的教学模式、方法、组织形式，以及教学媒体的选择、使用和开发的总体考虑。

第四个基本要素是教学评价。教学评价包括诊断性评价、形成性评价、总结性评价三部分，其目的是了解教学目标是否达到，以及为修正设计提供依据。

我们应该清楚地认识到，人为划分的目的是更加深入地了解和分析，并发展和掌握整个教学设计过程的技术，因此在实际设计工作中，要从教学系统的整体功能出发，保证"对象、目标、策略、评价"四要素的一致性，使各要素之间相辅相成，产生整体效应。

基于不同视角教学设计模式形态多样，并根据发展而不断变化，但其核心非常明确，都在于提高教学的有效性。

## 二、英语教学设计优化的模式

从不同的视角分析教学设计，可以提出不同的教学设计模式。不过，教学设计的实践可以基于教学设计一般模式展开。

基于教学设计的一般模式，英语教学设计的基本模式包括如下部分：

### （一）分析

#### 1. 学习需求分析

学习需求就是学习活动要达到的学习目标与学生现有的学习水平之间的差距。

学习需求分析就是通过科学、系统的调查与分析，确定学生的学习需求。学习目标的确定是学习需求分析的关键。确定学习目标需要结合社会需求和个人发展需求，充分考虑可以利用的各种资源（教师、学生、教学设施、教学媒体、教学材料、教学经费等）和各种相关的促进与制约因素，确定合理的、科学的学习目标。

学习目标的确定需要考虑长期的目标、中期的目标、近期的目标，或者是整个学习期间的目标、各学习阶段的学习目标、学年的学习目标、学期的学习目标、单元的学习目标、课时的学习目标。只有形成科学、合理的目标体系，才可能进行合理的教学设计。

若要确定学生现有学习起点水平则需要调查、评价与分析学生已经达到的学习水平，尤其是与学习目标直接关联的学习水平。

在英语教学设计中，开展学习需求分析是非常重要的。我们需要依据社会需求、个人发展需求，科学地确定英语学习的目标。可以说，当前我国基础教育英语教学的诸多困难中，有一部分是源于学习目标的不合理。

2. 学生分析

准确地分析学生是成功开展教学设计的一项决定性因素。学习需求分析就是通过科学、系统的调查与分析，确定学习目标与学生起点水平之间的差距。

学生分析是整个教学设计的起点，教学设计的一切都基于学生的特征分析。因为只有准确地把握学生的英语学习特征，才可能设计出符合这一特征的教学目标、教学策略、教学技术、教学过程与评价标准。

对于英语教学设计而言，学生分析要准确把握学生的真实学习目的、真实学习动机、已有知识技能、知识认知机制、学习心理顺序、学习逻辑顺序、英语学习机制等，因为这些要素都对英语教学设计有着根本性的影响。

3. 学习内容分析

学习内容就是教学活动中为实现学习目标而学习的知识与技能、过程与方法、情感态度与价值观的总和。

分析学习内容是要使教师和学生明确教学活动要让学生学什么，这与教学目标密不可分。

在我国英语教学中，英语教师在进行学习内容分析时都能很好地把握教学内容的语义内容，很多也能比较好地把握语境内容，但大多数英语教师都存在把握语用内容的困难，普遍出现在分析教学内容时，只分析到语义内容，或者分析到语境内容，却没有分析到语用内容，这导致语用能力的严重缺失。

所以，分析教学内容时，我们必须把握教学内容的语义、语境、语用内容，尤其是语用内容，只有这样才可能全面培养学生的英语运用能力。

### （二）设计

1. 教学策略设计

教学策略是为了完成教学任务，实现教学目标而对教学活动的程序、方法、形式和媒体等教学因素的总体设计。它包括对知识与技能、教学内容的序列设计，对教学活动过程的系统问题和期望的学生反应的设计，对教学的组织形式和媒体呈现信息方式的设计等，具体包括课时的划分、教学顺序的设计、教学活动的设计及教学组织形式的选择与设计。

教学策略设计不仅要基于教学目标，切合教学内容，适合学生特征，还要考虑实际教学条件的可能性，进而创造性地设计，灵活地安排教学活动，巧妙地设计各个环节，合理地安排各有关因素，形成系统的、总体的设计，使之能够发挥整体的教学功能。

教学策略有多种分类方法，常见的分类为：组织教学过程、安排教学顺序、呈现特定教学内容的教学组织策略，确定教学信息传播形式和媒体、教学内容传递顺序的教学策略，将教学组织策略和教学内容传递策略协调起来（包括时间的安排与组织、教学时的资源分配等）的教学管理策略。对于英语教学设计来说，这些策略都是不可或缺的。

2. 教学过程设计

教学过程对于英语教学设计非常重要，所以英语教学设计单列出教学过程设计，以突出其重要性。

教学过程是为实现教学目标而开展的多个教学活动组成的连续过程。在长期发展中，英语教学理念形成了强调学习过程的任务教学，这也是英语新课程倡导的英语教学途径。

任务教学的教学过程设计应该包括以下内容：

任务呈现。这是向学生介绍任务的环节，目的是让学生知道学习语言之后要用所学语言完成的任务，让学生明确语言学习的目标。

任务准备。这是语言学习的过程，分为输入和吸收两个主要环节：输入是教师呈现所学语言，让学生学习的环节；吸收是学生经过练习内化所学语言项目的环节。吸收是影响语言学习效果的最为关键的环节，没有吸收就不可能有语言学习的结果，学生也就不可能形成语言运用能力。

任务完成。这是学生在学习所学语言之后，运用所学语言行事的环节，也是语言运用的环节。

语言巩固。这是在学生用语言行事之后，对其语言运用中存在的问题进行有针对性的巩固强化，达到促进语言内化的目的。

3. 教学技术设计

教学离不开技术，无论是传统的黑板、粉笔等形成的彩色粉笔使用或板书技术，还是现代电子技术、互联网技术、多媒体技术的使用，都有助于提高教学的有效性，所以教学需要教学技术设计。

教学技术设计包括教学媒体选择与使用、运用教学媒体辅助教学活动的设计。我们应基于学习目标、学习内容、学生特征和教学策略与教学过程的设计，依据各种教学媒体所具有的教学功能和特性，选择教学媒体和设计教学媒体辅助活动，因为各种教学媒体对于教学的功能不同，效果就会不同。而没有适用于所有教学内容和教学情境的媒体。教学中也没有必不可少的媒体，只有有效的媒体和媒体的有效使用。

4. 评价

（1）确定学习成效评价标准与方法

教学设计的目的在于提高教学有效性，是否达成教学目标是评价教学设计有效性的关键。学习成效的评价是评价教学有效性的基础，确定学习成效的评价标准是开展教学评价的前提。从评价目的分，学习成效评价可分为诊断评价、学业成就评价等；从形式分，可分为形成性评价和总结性评价（也称终结性评价）。

学习成效评价的标准应该以学习目标为基础，如诊断评价的标准要根据学习过程中的实际学习情形确定，学业成就评价的标准则可以直接依据学习目标确定。

（2）形成性评价

形成性评价指在教学过程中为了获得有关学习的反馈信息，对学生所学知识的掌握程度所进行的系统性评价。它是日常教学过程中由学生和教师共同参与的评价活动，其目的是对学生的学习行为、学习结果以及学习过程中的情感、态度、策略等方面的发展进行评价。

形成性评价可以促使学生获得学习成就感，增强自信心，有效调控自己的学习过程，成为评价的积极参与者。

形成性评价是教学过程之中的活动，以诊断和促进为目标，是教学的重要组成部分，也是促进教学的重要因素。英语教学设计中应尽可能采用形成性评价，帮助教师及时把握学生的学习情况，根据需要调整教学方法，不断提高教学效果。

英语教学设计的形成性评价应基于激励原则，采用描述性评价、等级评定或评分等评价记录方式。

（3）总结性评价

总结性评价是在一个学习阶段结束后对学生学习效果的评价，如期末考试、毕业学业考试等。

总结性评价是检测学生综合语言运用能力发展程度的重要手段。英语教学设计的总结性评价应依据课程标准的要求开展评价，着重考查学生在具体情境中运用英语的能力。

总结性评价应根据教学的阶段性目标确定评价的内容和形式，包括口语、听力、阅读、写作和语言知识运用等。

（4）反馈修正

反馈修正就是根据评价提供的反馈信息，对教学设计进行调整，从而提高教学的有效性。

教学设计作为一种预设，自然可能因为分析的误差、设计的失误而导致教学过程中出现问题。作为对教学的修正，教学评价能提供大量的反馈教学信息。教学设计不应该是一成不变的僵化的预设，而应该是根据教学过程中反馈的各种教学信息，不断调整教学策略，甚至在教学设计中预测可能出现的问题，预设一些预案，从而在教学过程中根据教学反馈不断修正教学活动，提高教学有效性。

在英语教学实践中，一些经验丰富的老师往往可以根据自己的经验，随时捕捉教学信息的反馈，调整教学策略，促进教学有效性的提高。

教学设计是一种理性化的教学准备活动，它可以促进青年教师教学实践从经历到经验的提升，帮助教学经验不多的教师在较短时间内成长为经验丰富的教师，达到可以随时捕捉教学信息反馈，根据教学信息反馈随时调整教学策略的程度。

当英语教学设计中存在学生已有知识与技能不足、教学环境与条件不充分等特殊困难时，尤其需要根据教学信息反馈随时修正教学策略。

综上所述，英语教学设计的一般模式为分析、设计、评价、修正模式，其中学习目标的分析、教学过程的设计、评价目标的确定、依据反馈不断修正教学策略，是至为重要的关键要素。

# 第三章　高校英语教学的内容优化

## 第一节　高校英语教学词汇与语法教学

### 一、词汇教学

#### （一）词汇教学概述

1. 记忆规律

在词汇教学过程中，“遗忘率高”一直是困扰很多外语学习者的重要问题。所以，为使学生在脑海中快速、长久地记住词汇，英语教师应该对大脑的记忆规律有一定的了解。

（1）记忆系统的特点

大脑在记忆的时候往往显示出一定的特征。总的来讲，这些特征主要表现为有意识记忆的效果更大；理解记忆的效果更佳。

从上述记忆系统的特点来看，人类的记忆往往遵循一定的规律。因而，学生在记忆英语词汇的时候，应该严格遵守以上特征，以便提升记忆的成效。

（2）大脑遗忘的客观规律

人们在记忆的过程中往往会产生遗忘现象。学生学到的知识若不及时进行巩固的话，遗忘的速度和数量也会逐渐减小。若英语教师及学生充分认识到大脑的遗忘规律，那么不仅能够在短时间内记住更多的词汇，也能将短期的记忆转变成长期的记忆。

2. 词汇教学的具体意义

实践证实，词汇所表达的意义较为丰富，不仅包含自身的概念意义，还包含内涵、情感、社会等方面的深层意义。了解词汇的意义有助于教师及学生全方位地把握词汇。

（1）词汇的具体意义

①情感意义，在人与人之间的交际活动中，参与交际活动的双方往往不单单运用词汇来

传输某种信息，还将情感意义蕴含在所要表达的词汇中。情感意义是指说话者对所讨论的主题或者对事物所持有的态度，以及说话者在词汇中所表达的喜、怒、哀、乐等的情感。

②语境意义，词汇的意义与语境之间存在紧密的联系，特别是在英语文章中，词汇的意义会受到文章内容的束缚。在词汇教学的过程中，要求英语教师尽可能运用多种方式使学生深入了解词汇的意义与语境的内在联系。

（2）词汇教学的意义

词汇教学往往被视为英语教学的一个基础环节，词汇教学的成效关系到整个英语教学的实际成效。因而，在教学中注重词汇教学是非常必要的。

①开展词汇教学的必要性。由于应试教育的观念深入人心，有相当一部分英语教师为提升学生的英语成绩，过于关注语法、阅读、句式转换等基础教学及各种应付考试的妙招，忽略了词汇教学的地位，大大减少了词汇教学的时间，这就导致学生失去了学习词汇的乐趣，降低了词汇教学的成效。长期下去还会让学生产生恐惧心理。所以，词汇教学在整个英语教学中发挥了重要的作用，这也就要求我们务必加强词汇教学。

②词汇教学的重要作用。词汇教学在英语教学中发挥着极为重要的作用。但是，传统的英语教学并未认识到词汇教学的重要性。受直接教学法的影响，英语教学中过分强调语法结构，词汇教学被控制在很小的范围内。词汇和句法是不可分割的，在二者之间存在着一种词汇块。路易斯的词汇块观点对语言教学产生了显著影响。如果学生对这些语言板块有深入的了解，便能够有效提升自身的英语交际能力，这种作用突出体现在以下两个方面。

一方面，如果学生能精准掌握这部分预先制定的语块，就能够使其流利地与他人进行口语交流。中国学生长期受应试教育的影响无法将词汇运用到英语交际中。掌握这些语块，有利于学生按照语块的搭配将单一词汇转换成通顺句子，长此以往，学生的口语表达能力也会得到提高。

另一方面，如果学生精准掌握这部分预先制定的语块，也能够在一定程度上提升自身阅读英语的能力及听力的能力。由于学生进行词汇学习时，往往单纯地记忆词汇的含义，导致在阅读理解时不能理解长句或语篇的内容。听力练习中学生仅仅是听到了某个词汇，但是未从语块的角度出发听懂听力训练的全部内容。

由上可知，词汇教学在高校英语教学中发挥着至关重要的作用，能够有效提升学生的听力、口语、阅读、写作、翻译能力。这就要求教师在词汇教学中，采取正确的方法引导学生的学习，减轻学生的学习负担，提高学生的词汇学习质量，注重培养学生的思维能力，让学生主动地进行词汇学习。

### （二）“互联网+”时代词汇教学的方法

1. 利用联想进行词汇教学

利用联想来进行词汇教学就是指在词汇教学的过程中鼓励学生通过各种适宜的联想来理解词汇。英语教师可以用学生比较熟悉的事物或例子来引导学生进行联想学习。例如，natural disaster 这一短语会让人们联想到一系列的自然灾害，比如 earthquake，typhoon，tsunami 等。英语教师便可以在为学生教授 natural disaster 一词时，添加上述所列的自然灾害类词汇。利用联想来进行词汇教学的方法是词汇教学的一种有效方法。由于英语文化往往囊括了多个方面的内容，要想使学生熟练掌握各种词汇并合理的运用词汇，应该使学生深入了解英语文化。同时，还要对讲英语的国家及地区人们的思维方式及语言习惯有一定的了解。

2. 在传输文化知识的同时教授英语词汇

在传统的高校英语词汇教学的过程中，有相当一部分英语老师单单注重为学生讲授英语词汇的含义及使用方法，往往未涉及英语词汇相关的文化知识。对我国大学生而言，往往会造成难理解、难记忆等方面的困难。那么，英语教师在开展词汇教学时，便应该依照这部分学生学习的知识、探究问题的特征，适当地为学生传输与所讲授英语词汇有关的文化知识，以此来提升学生的文化观念。

3. 利用语境进行词汇教学

英语中的语句、章节均是由各种单词及短语组合而成的。换言之，英语单词、短语也离不开语句及章节，因为离开了具体的语句的语境，人们便不能明确这个词汇的具体含义。一些英语教师往往脱离上下文的语境孤立地讲解词汇。此种教学方法不仅不会使学生正确掌握词汇的含义及相应的语法，还会使学生逐渐失去学习词汇的积极性。那么，在进行词汇教学时，英语教师便应该将词汇置于具体的语境中，引导学生通过阅读这一途径来学习词汇。

通常情况下，英语词汇的含义与其汉语解释之间存在着相互对应的关系。进行词义解释的最好方法就是尽量使用简单、常用的英语来解释英语。使用英语解释的教学方法，既能够使学生正确掌握英语词汇的准确含义，提升学生的思维能力及洞察能力，还能够有效地扩充学生学习英语的信息含量，进而提升学生的多元文化交际能力。

## 二、语法教学

### （一）语法教学的必要性

高校英语语法教学的质量对学生了解及运用英语语法产生了直接性的影响。高校开展英语语法教学的必要性集中表现在以下三个方面：

1. 巩固基础英语

语法往往被视为构成语言的一种主要方式，语法教学是英语教学的基础环节。高校英语语法教学的主要任务是帮助学生学会运用词语来组织句子的规则，学习语法知识对语言学习具有调整功能。学生可以通过对语言材料的模仿生成很多新的句子，但是这些句子中有很多句子因为学生语言能力的不足而无法正确表达。语法知识可以对这些表达不清楚的句子进行调整，使其成为表意清晰明确的句子。在高校英语教学中，课堂以外的英语实践活动少之又少，因而课堂上的英语语法教学就显得尤为重要。

2. 提升英语听力及口语能力

语法教学能够有效提升学生的听力及口语能力，使他们精准地进行英语交际。语法作为语言组织的规则，能够让学生在有限的词汇量下按照一定的语法规则创造出无限的句子。英语语法教学往往围绕交际任务而开展，在交际活动中适量地添加一部分语法知识，能够使人们精准地传达自己的思想。

3. 确保英语技能的可持续发展

英语作为一门在工作和国际交流中的重要语言，在国际交流及未来的人际交往过程中发挥着重要的作用。高校作为培养人才的重要基地，更应该加强语言知识及技能方面的教学活动，以便使学生在毕业以后也能够继续自发地学习语言相关的知识及技能。培养学生继续学习的能力也是高校英语教学活动的主要任务，而牢固的语言知识及技能能够使学生有效地开展自主学习。

### （二）文化差异与语法教学

1. 关注母语文化对英语语法学习的影响

在英语教学的过程中，有一部分往往会将母语与英语的特征放在一起进行论述，这在一定程度上推动了语言学习的进程。在学习第二语言的过程中，若母语文化未发挥推动及认可的作用，那么便会在一定程度上影响到第二语言的学习进程。若人们对母语及第二语言之间的文化差异认识不够透彻，或者用母语的思维方式及结果来推定英语的内容的话，便会出现错误现象。同时若将英语单词不假思索地放进汉语的结构中，还会出现汉语式英语的现象。

2. 中西文化差异和思维差异

正确的语句应该确保句子意思清晰、各部分衔接合理、过渡自然。然而，由于中西方人们思维方式及文化之间的差异，导致我们高校语法教学中往往出现各种各样的错误。对大学生而言，出现频率较高的语法错误有结构不完整、句子不连贯等。深究原因，是由于学生对英语及汉语两种语言之间的文化差异缺乏精确的认识。

（1）句子不完整

在日常口语交际中，交际的双方可以通过手势、语气等进行沟通，不完整的句子也能够被对方理解，但是在书面语中便会出现问题，句子不完整会导致语句表述不清晰，这种情况往往发生在主句写完以后。

（2）句子不连贯

句子不连贯主要是指一个句子的前后衔接不紧密，或者结构不连贯。

3. 对比分析英语及汉语中的文化差异

在英语语法的体系中，英语及汉语两种语言的文化及思维差异也体现在词汇及句法方面，这种差异性集中体现在以下两个方面：

（1）句法的文化差异

从句法的角度来讲，英语及汉语两种语言之间的文化差异集中表现在使用方法及形态两个方面，且表现出特定的语法特点。在英语语言中，动词的作用突出且明显，它以动词为核心，重分析、轻意合。然而，汉语不那么注重形式，句法结构不必完整，重意合、轻分析，常以名词为中心，主语经常不与动词发生关系。英语教师若从句法的层面进行对比分析，也能够使学生尽快理解及掌握语法相关的知识。

（2）表现方法的文化差异

从表现方法来讲，英语及汉语之间也出现了鲜明的文化差异。通过对英语及汉语在表现手法上的文化差异，进行对比分析，能够使学生精准把握中西方人们的思维方式在语法表现形式上的差异性。

### （三）“互联网+”时代语法教学的方法

1. 语感教学

高校英语教学过程中，培养学生的英语语感能够有效提升学生的语法能力。英语语法是组成语句的基本准则，高校在英语语法教学的过程中鼓励学生积累语法方面的知识，能够有效提升学生的语法水平。

语感教学要求英语教师在课堂教学的过程中指出优质的英语句子及语段，鼓励学生以多种多样的方式将这部分优质内容背诵下来。在学习完文章之后，学生可以采用背诵或者多人合作角色扮演的方式对语段进行记忆。培养学生的英语语感不仅能够提高英语句子的输出效率，也能够使学生深入了解英语文化的内涵。

人们在交流或者表述自身观念的时候，不仅会传输蕴含在语言中的文字信息，也在一定程度上宣泄了自身的内心感触。由此可知，培养学生的语感，能够在不经意间使学生接受及理解英语文化。

2. 知识竞赛

知识竞赛指的是采取竞赛形式推动英语语法教学的一种方式。此种教学方法能够有效提升学生的求胜心理、好奇心，进而激发学生学习语法的积极性及主动性。在英语语法教学过程中，使用知识竞赛的方法可以按照以下顺序来展开教学活动。

英语教师首先应该将学生细分成几个小组，每次在讲授完1~3个语法现象以后，对学生进行提问。问题的形式可设置为必答与抢答，答题方式可以组为单位也可由组代表来回答。课程结束之前，英语教师还应该为学生预留几分钟的时间，让学生重新回顾自己在这节课中学到的语法知识，并按照个人或小组的方式来对这部分语法知识进行竞赛，进而使学生深刻牢记当天所学到的语法知识。

实际上，知识竞赛的英语语法教学方式是多种多样的，英语教学应该按照每个班级的不同情况选择适宜的教学方法。

3. 显性文化及隐性文化教学

从文化教学的层面来讲，显性文化教学往往以传输知识为核心内容，是一种区别于其他英语教学方法的、较为全面的文化教学方式。这种教学方法自成体系、独立于语言教学之外，可以供学生随时自学，但其也存在着固有的问题。例如，学生在显性文化教学中扮演着被动接纳的角色，这在一定程度上制约学生养成文化探究的能力，也对他们的学习策略产生不利的影响。

隐性文化教学是一种将英语教学与文化教学融合在一起的教学方式。这种文化教学能够在课堂交际活动中为学生提供感知和认识差异文化的机会，但容易让学生在学习英语的过程中对英语文化缺乏系统性的认识。

综上所述，显性与隐性两种文化教学的优缺点并存。因此，英语教师应将两种语法教学的方法有机结合起来，兼顾文化知识的传授和多元文化意识和行为能力的培养。这也就表示，在高校英语语法教学的过程中，应该及时添加一部分显性文化教学的内容，也就是说，使英语语法教学处于显性文化教学和隐性文化教学的动态均衡中。在不同的学习阶段中，英语教师应该根据不同学生的个性化特征使用不同的显性文化教学方法及隐性文化教学方法，以促使学生及时将英语语法知识转变成语法能力，进而实现英语语法教学及多元文化交际的教学任务。

## 第二节　高校英语教学听力与口语教学

### 一、听力教学

#### （一）听力教学概述

1. 英语听力的心理历程

（1）自下而上对意义进行解码的过程

自下而上对意义进行解码的过程主要包括两个子过程，一是发现语句中词汇的音素；二是对自己所听到语句的节奏进行切分。其中，发现音素是一个最基本的环节。

①发现音素。

与汉语的语言体系不同，英语语言特点使得人们难以区分音素。连读是指在英语朗读中，如果前一个单词以辅音音素结尾，后一个单词以元音音素开头，就会自然地将这个辅音和元音连接起来而构成一个音节。连读的音节一般不用重读，只是自然地过渡。因而，连读的时候，学生比较不容易区分单词与单词之间的分界，极有可能会把前一个单词的辅音与后一个单词组合在一起听成一个新的单词，进而便会产生误解。

除此之外，若某一重读音节的结尾为字母 t，而 t 后边一个单词的开头为元音，那么在朗读的时候，t 的发音便会与音素/d/极为相似。即便学生在英语口语中并不会使用到这部分规则，但是也应该对这部分规则有一定的了解，这样才能够及时发现听力过程中出现的各种音素。

②切分节奏。

学生在分辨词汇的时候，还应该对词汇之间的节奏进行合理的切分。人类生来就获得了切分母语的技巧，他们先将语流切分成不同的语法组块，然后再切分成单词，切分技巧是以头脑中存在的“音位—词汇系统”和“音位—句法原则”为基础和前提条件，并且这些切分技巧会随着语言学习过程的推进，而变得越来越自动化。这也就表示，当学生的语言能力逐步提升的时候，他们便能够精准地对节奏进行切分。

母语为英语的人们在切分节奏的时候，往往会遵照以下两个基本原则。第一，重音是实词出现的标志，在英语的实词中，大概有90%的实词在第一个音节上出现重音。第二，在实际的语流中，每出现一个意义单位往往会停顿一下，而每隔2~3秒便会出现一个意义单位，且停顿单位中间也会出现一个比较突出的实词项，这个实词既可以是单词也可以是短语。

不管是什么年龄的学生，如果科学地进行听力训练，便会使自下而上的意义解码过程变得更加顺利。除此之外，英语教师也应该为学生讲授英语语音的特征，以使学生准确地对词汇进行辨别。

在高校英语听力教学的过程中，英语教师应该为学生设置与重音辨析相关的教学内容，以使学生深入了解词汇辨析的方法。如果学生的英语能力较强，可以选择较长的语篇让学生做重音辨别练习。通常情况下，交际的语境越贴近现实，学生便更容易了解重音转变及节奏切分在英语学习中的必要性。

（2）自上而下对意义进行阐释的过程

自上而下对意义进行阐释的过程主要是指听者运用原有的知识来辨别所听到的内容，且对将要听到的内容进行准确的预判。在阐释意义的过程中，图式及语境是两种较为重要的影响元素。

①图式，图式实际上就是指存储在学生脑海中的、原有的知识，这些知识始终保持着动态的变化。当学生通过听觉接收到各种新信息之后，这些新信息就和已有的旧信息相互作用，从而新的图式就形成了。图式的不断确立及完善不仅是学生领悟输入信息的基本条件，也是扩充信息的一个过程。

②语境，在英语听力的过程中，不断建立新的图式极有可能使学生曲解对方的真实意思。可见，仅仅依靠图式来进行听力理解是不够的，还必须依据上下文所提供的信息。同样，如果只是根据某个句子的表面意思来判断交际对方的想法，难免太过于片面。学生只有充分了解与语句相关的知识并结合相应的语境，才能够揭示这个语句真正的含义。

总而言之，自下而上对意义进行解码、自上而下对意义进行阐释这两个过程缺一不可，二者之间保持着相互制约、相互作用的紧密联系，若强制将二者割裂开便显得没有意义。但是，我们也应该精准判断学生听力理解方面的障碍主要来源于哪个过程。英语能力相对较强的学生可以通过语境来扩充语句字面上的意义，而那些英语能力相对较弱的学生则格外重视对细节的领悟，这部分学生并不能完全领悟语句字面上的意义，需要结合语境来补充这部分不理解的内容。

（3）英语听力心理历程的特征

①英语听力的本质特征。

从英语听力理解的本质来讲，听力理解的特征主要包括以下几个要点：

一致性。在英语听力教学活动中，“听”往往与“说”同时出现，二者之间保持着一致的步伐。“听”的存在必然可以推断出“说”的存在，但是反过来就不成立。因而，“听”是建立在“说”的基础之上的。这也就表示高校英语听力教学应该格外关注“说”的方式及内容，以口语技能的提升来推动听力能力的提升。

转瞬性。英语听力的转瞬性主要指的是人们所听到的内容是瞬间消失的，并不会复返。因而，听者必须在当时就清楚地听到信息，否则很难补救。这也就表示学生在进行听力理解的时候应该聚精会神，关注所听到的内容及说话时的语境。

提示帮助性。在听力理解发生的交际情境下，存在着一些有助于交际双方理解信息的提示或线索。因而，在高校英语听力教学中，英语教师应该引导学生重视这些细节，并找寻加速理解的关键性线索。

情境约束性。我们认为“听”是日常交往活动的主要环节，那么“听”必然发生在一定的时间、地址、场合中，这也就构成了英语听力理解的具体情境。对交际双方话语的理解，不能仅停留在字面意思上，而是需要结合特定的情境。情境在理解语句意义的过程中发挥着关键性的作用。而在高校英语听力教学中，英语教师应该不断培养学生感悟情境的能力，鼓励学生提升自身的情境意识。

听说互换性。由于人与人之间的交往活动往往是一个互动的过程，日常交往活动中听话的人同时也是说话的人。听说互换性是指听者为了争得话语权或者自我表达而变成说话的一方。此时他们不是为了获得清晰的理解，而是要积极地参与语言交际之中。有鉴于此，高校英语听力教学应该与口语练习融合在一起进行教学，以使学生通过与其他人进行对话或者其他的互动活动来提升自身的听力能力。

②听力语言的特征。

一般而言，听力理解所涉及的资料均来源于现实中的交往情境，因而听力理解的语言较为口语化。而口语与书面语之间的差别较大，这就导致听力语言显示出其独有的特征。

词汇口语化及语法口语化。从英语语法的层面来讲，由于交际活动是实时发生的，参与交际活动的双方必然会将注意力放在自身所表述的内容及含义上面，便会忽略语言语法的准确性，因而人们所说出的语言中有相当一部分与语法规则不符。除此之外，参与交际活动的人为了节省时间或者保持语言简练，还经常性地将语句中的一部分内容省略掉，若我们不结合相应的语境，便很难理解说话者的真实意图。

语音转变较为复杂。一般情况下，英语听力理解是通过声音的方式来传输信息的，说话者的声音并不全是清楚且能够辨析的，同时听力语言的语音方面也会出现比较复杂的转变。语音变化虽然具有系统的规则，但是这些规则比较复杂。另外，音素连接在一起相互作用也使语音发生变化，所以才有连读、省略等现象的发生。

多余内容较多。相关研究证实，英语听力语言通常有一部分多余的内容，这些内容占据了整个听力语言的60%~70%。人们在日常交际中为了使对方能够清晰地理解自己的意思，通常采用信息叠加的方式，包括词语重复、语义重复以及信息或话题重复等。

除了上面描述的几种重复现象以外，听力语言中的多余现象还囊括了口误、纠正错误、停滞、迟疑、运用填充词汇等。我们可以充分利用听力语言中的多余内容，进行适当的缓冲，以便及时考虑、纠正听力语言中的错误或者补充相关的信息。

2. 听力教学的重要性

（1）牢固学生的语言知识

高校的英语听力教学活动能够有效促进学生巩固在课堂上学习到的英语知识，进而推动知识体系的搭建。听的过程是一项十分复杂的信息处理过程，这一过程必然涉及对语言信息的理解和输出。学生通过听力理解活动，既提高了听力水平，又实现了新知识的构建，掌握了语言规则和内容。

（2）增强学生的语言应用能力

实践证实，高校英语听力教学活动能够有效提升学生的综合语言应用能力。作为语言输入的一种重要方式，听力教学活动既能引导学生对英语语言的声音符号信息进行辨别，又能使学生展开积极思考，对语言信息进行重新组合，更好地提高学习效率，进而提升他们的语言应用能力。

## （二）听力教学

1. 听力知识

听力相关知识主要包括语用知识、文化知识、策略知识等几个方面的内容。

①语用知识。人们在日常交际的过程中，谈话双方所进行的对话往往蕴含内在的含义，这就要求借助一定的语用知识，以便对会话进行深层次的了解。

②文化知识。对所听话语的理解需要借助一定的文化知识，否则很容易出现误解的情

况，因为语言就是文化。为此，学生应该了解英语相关的文化，以更好地理解说话者的真实意图。

③策略知识。策略知识主要是指学生在学习的过程中对目标的认识、对适宜的学习方法的选择、对学习进程的掌握等。策略知识能够帮助学生依照英语听力教学的目标来选择适宜的听力方法。

2. 听力技能

①基本技能。

第一，理解大意的能力。

第二，辨别交际信息的能力。

第三，辨音能力。

第四，推测词义的能力。

第五，理解细节的能力。

第六，推理判断能力。

第七，选择注意力。

②听力技巧。

一般而言，当技能、技巧和策略处于不同的层面，它们就指代不同的含义。技巧代表的是活动的操作方式。当学生合理地运用技巧的时候，便能够准确把握所听内容的意思，技巧也会上升到策略的层面；不然的话，技巧就仅仅是技巧而已，并不会对实际交往产生推动作用。

### （三）“互联网+”时代听力教学的方法

1. 互动式教学

互动式教学的方法具体指的是在听力教学的过程中，英语教师及学生之间应该根据听力材料进行交流。在此过程中，学生既要理解所听的内容，还要做出相应的反应。在高校英语听力教学中采用互动教学的方法，有助于激发学生的学习兴趣，提高他们的听力理解能力，同时通过听力活动有利于学生养成积极思考的习惯。

人与人进行面对面交流的时候，同样可以使用互动式教学的方法。说话人通过问答等方式和听话人进行交流互动，并根据听话人的反应对所讲内容及时进行解释说明或调整。需要说明的是，在具体协商的时候应该掌握好时间，这是因为交流活动的主要目的是听力练习，因而英语教师应该强调学生说话的时长。

2. 策略教学

策略教学的方法实际上是指在指导策略的基础上进行补充、改正而产生的一种教学方式。

为了实现策略指导教学方法的任务，英语教师应该从两个方面出发开展活动。一方面，要让学生深入理解语言是如何发挥其功能的。另一方面，让学生理解自己所使用的策略，也就是让学生获得“元认知策略意识”，并且在这个基础上教师要教学生使用更多其他的策略，这些策略的使用能够促进学生听力任务的完成。

因而，从根本上讲，策略教学的方法是高校英语听力教学中的一种紧凑式设定。这种课程的具体表现是每一个策略单元都明显地强调一个重点，并且紧密联系着一个或多个相关策略，这些策略主要包括判断语言背景、人际关系、语气、话语主题及话语意义等内容。

## 二、口语教学

### （一）口语教学的必要性

日常生活中，英语口语的重要性不言而喻。这种重要性集中体现在以下几个方面：

1. 社会对英语人才的需求日益增加

现代社会对英语人才的需求日益增长，学习英语口语也变得更加重要。随着世界经济的全球化以及我国与世界接轨的加快，我国与其他国家之间的往来越来越频繁，作为世界性通用语言的英语，其重要性不言而喻。因此，社会对熟练运用英语的人才的需求也日益增多。这就要求学生学习英语时除了要会读、会写，更重要的是要会听、会说，真正做到在交际中可以运用英语进行交流。

2. 现行考试制度的内在要求

现行的考试制度格外关注考察学生的英语能力，这就要求学生关注对英语口语的学习。我国的公共外语等级考试逐渐重视考核学生的英语运用能力；雅思、托福等考试，为了测试出国人员是否具备生存的基本能力，也注重对口语的考查。因而，学习英语口语的重要性不容忽视，同时高校的英语口语教学应该将提升学生的口语应用能力作为口语教学的主要任务。

### （二）文化差异与口语教学

1. 词汇层面

英语及汉语两种语言中不仅包含主要的词汇，还有一部分词汇显示出特定的文化信息，这也就是我们所说的文化内涵词。英语教师应注重向学生讲授相关文化内涵词，使学生在日常口语交际中正确地加以运用。学生如果不了解文化内涵词的意义，就可能会影响表达的效果。

2. 认知理解层面

英语及汉语两种语言存在较大的差异性，这就导致语言背后蕴藏的文化也显示出一定的差异性，因而两种语言的习惯及认知理解方面也会出现不同之处。由此可见，英语教师在教学中应引导学生学习中西方在认知理解上的特点，了解二者的差异，使学生根据不同的场合选用恰当、得体的英语来进行交流。现实中进行口语交际的时候，即便学生所运用的语句合乎语法的规则，发音也比较准确，但不体面、僵硬的语言同样也会给交际活动带来阻碍。

### （三）“互联网+”时代口语教学的方法

1. 情境教学

情境教学的方法主要指的是在具体的教学活动中，英语教师应该有意识地引入或者设定饱含情绪色彩、以人物为主体的场景，以便调动学生学习的积极性，进而引导学生深入了解教材，并开拓学生的心理机能。情境教学法的形式有很多种，如配音、角色扮演、课内游戏、诗歌朗诵、音乐欣赏、旅游观光等。其中，最常用的是角色扮演和配音。下面主要论述这两种教学形式。

（1）角色扮演法

情境教学最常见的一种教学手段便是角色扮演法。与机械、单调重复的口语练习不同，角色扮演给学生提供了接触各种社会交际场景的机会，学生以各种各样的社会身份来练习交际，这不仅激发了学生的学习兴趣，还为交流的有效进行打下了基础。在实际的教学过程中，英语教师让学生自己进行角色分工；在学生排练过程中，教师可以提供必要的指导与帮助，排练完成之后，让学生进行表演。当学生展示完以后，英语教师可以先让学生总结分析自身的表演，而后再对学生的表演进行评述。

（2）配音法

配音法的操作方法较为简单，英语教师应该按照下述的施行方案开展教学活动。

第一，节选一部电影片段，讲解其中的语言难点；第二，组织学生听取原声对白，鼓励学生背诵对白。

总而言之，在英语口语教学的过程中，英语教师应该尽量为学生创设各种逼真的语言情境，将情境与语言学习有机融合在一起，进而使抽象的语言教学贴合实际、贴合学生。这种口语教学方法既能调动学生学习的积极性与主动性，又能促进学生掌握运用英语进行交际的能力。

2. 文化导入的方法

在多元文化融合的背景之下，高校英语口语教学应该将口语教学活动与文化意蕴融合在一起，运用文化导入的方式为学生传输口语知识。

文化导入的方法形式多样，下面主要探究一部分比较常见的文化导入。

（1）运用多媒体进行导入

英语教师可以利用多媒体进行口语教学，营造英语情境，使学生置身于真实的情境中来感受英语与英语文化。

（2）通过指引学生积攒日常交际用语进行导入

英语教师应该鼓励学生累积日常的英语交际用语，且引导学生将这部分累积的知识应用到实际交往中。只有当学生充分认识到此种差异性，才能够保障交际活动合乎规范，防止交际出现失误。

3. 任务型教学

高校英语口语教学还能够使用任务型教学的方法，此种口语教学方法一般按照以下几个步骤展开活动：

（1）展示任务

在展示任务的阶段内，英语教师应该着重指导学生准备相关的语言知识。在展示任务的过程中，教师可以学生的实际生活与学习情况为依据，创设相关的情境，调动学生学习英语的动力。同时，教师还要为学生提供与话有关的环境及思维的方向，以加强新旧知识之间的连接，使学生在巩固旧知识的同时掌握新知识。需要说明的是，展示任务的时候应该遵守先输入信息、后输出任务的基本原则。

（2）执行任务

执行任务是高校英语口语教学的一个主要环节。在接到任务之后，学生可以采取诸如小组自由组合、结对等方式来执行任务。小组自由组合或结对的方式不仅可以为每个学生的口语表达提供练习机会，还有助于培养学生合作互助的意识，增强学习效果。此外，执行任务时也可以通过由教师设计多个小任务构成任务链的方式进行。在这个阶段内，英语教师的主要任务是追踪、引导学生的各种活动，保障各项活动的顺利开展。

（3）评议任务

在任务执行结束以后，英语教师及学生应该合力对所开展的任务进行评议，重点指出每个小组的优势及缺点。评价时应注意对学生的活动情况尽量持肯定态度，以鼓励、表扬的方式为主，以增强学生的成就感，从而提高学生的自信心。当然，如果学生在表达中出现比较严重的、影响交际的错误时，英语教师也应及时指出和纠正，正确引导学生。

任务型教学的方法能够激发学生学习英语口语的积极性、主动性，提升学生的合作意识及竞争意识，进而提升他们的口语能力。

4. 交流学习

大学生在学习口语的过程中，应该充分发挥自身优势。一方面，大学生可能有一些多元文化交际的经历，所以应该更多地组织他们进行小组讨论，让他们交流多元文化交际的经验，这样可以取得更好的教学效果。另一方面，大学生通过互相交流经验，可以互相分享解决交际中遇到的困难的方法，总结出适合这一人群的交际策略。这些实际的经验交流对于提高大学生的口语水平有着显著效果。与此同时，多元文化交流过程中往往会触及文化因素，这些文化因素能够加深大学生对英语的印象，进而有效防止出现由文化因素而引发的各种交际误会。

## 第三节　高校英语教学翻译与写作教学

### 一、翻译教学

在“互联网+”时代的背景下，国际交流日渐加强，逐渐显示出文化交融的发展态势。在交流翻译过程中必然会涉及文化问题，这就要求译者应具有一定的多元文化交际能力。在这种大背景下，高校英语翻译教学的理念也应有所转变。通过论述高校英语翻译教学的优化措施，以期引发学界对英语教学优化的关注。

#### （一）翻译教学的必要性

从大学生的角度来讲，学习英语翻译具有至关重要的作用，它不仅能够发展学生的个性化特征，还能够使学生依靠翻译来助推整个社会的发展。

1. 提高学生的英语能力

学习翻译还能够提升学生的英语能力，继而积淀学生的知识素养。英语包含听、说、读、写、译各项技能，这几项技能并不是相互孤立的，而是紧密相连、相辅相成的。通过大量的翻译练习，学生不仅可以从中获取语言知识，还能有效地提高学生的听、说、读、写能力。

2. 培养学生的多元文化交际能力

学习英语翻译能够使学生熟悉各种文化知识，充分领悟中国文化及西方文化之间的差异性，继而培养自身的文化意识及多元文化交际能力。翻译并非简单的语际转换，这种转换过程中携带着大量的文化信息。学生在翻译的学习过程中要将英汉语言中的文化知识转换到另一种语言文化中。在这一过程中学生可以直接感受和体会中西文化之间的差异，进而对其有所了解和掌握。当学生深入了解中国文化与西方文化之间的差异后，便能够通过翻译的方式来提升自身的多元文化交际能力。

### （二）文化差异与翻译教学

1. 语言文化差异对英语翻译所产生的影响

从语言的层面上讲，英语语言的词汇、句法、修辞等方面均显示出较大的差别，下面主要介绍这几个方面对英语翻译所产生的影响。

（1）词汇差异对英语翻译所产生的影响

英语中的大部分词汇均蕴含复杂的文化内涵，熟悉这部分词汇的引申词义能够对英语翻译产生积极的影响。

（2）句法差异对英语翻译所产生的影响

从句法的层面上讲，英语关注形式之间的连贯，重视语句结构的完整性。这就使得英语句子的形式严格受语法的制约，而汉语则注重意念连贯，不求结构齐整，不受语法的制约，句子形式较为随意。鉴于此，学生在进行翻译的时候应该重视这部分差异，避免出现误译的现象。

（3）修辞差异对英语翻译所产生的影响

从修辞的层面上讲，英语及汉语存在一部分相似的地方，然而也显示出较大的差异性，而这种差异性会给英语翻译带来较大的阻碍。

2. 社会文化差异对英语翻译所产生的影响

社会文化往往显示出多姿多彩、纵横交错的特征，一个民族的经济、历史面貌、价值观念、风俗习惯和思维方式等内容均是社会文化的具体表象。

（1）风俗习惯差异对英语翻译所产生的影响

风俗习惯所触及的范畴异常广泛，下面主要从称呼这种风俗习惯来论证西方文化及中国文化的差异对英语翻译所产生的影响。在称呼方面，英语的称呼非常简单，仅 dad，mum，grandpa 等几种，且多数情况下都是直呼其名。但中国十分注重礼节，一个称谓不止一种叫法，如“妻子”，英语中只有 wife 一种叫法，但汉语中则有“老婆”“爱人”等多种称呼。因而，在翻译的时候应该依照上下文的具体表述来判断文章中出现的人物之间的亲属关系，进而精准判断原文中人物的称谓。

（2）思维方式差异对英语翻译所产生的影响

从思维方式的层面上讲，西方人往往善于使用抽象思维，此种思维方式表现在语言上便是使用抽象表述的方法。但汉民族的思维方式与英语民族正好相反。因此，在具体的翻译过程中就要对原文进行改动，即将英语中的抽象名词具体化。

### （三）“互联网+”时代翻译教学的方法

1. 图式教学

图式教学的方法是高校英语翻译教学过程中经常使用的一种方法。简单来讲，图式就是人脑中关于外部世界知识的组织形式，是人赖以认知和理解周围事物的基础。当接触一种新的信息时，若人们的脑海中未发现与之相对应的图式，那么便不能准确理解这种新的信息。由此可知，高校英语翻译教学中应该引入及使用图式教学方式，它可以有效地激发学生头脑中与文本相关的图式，使学生对原文有一个正确的理解。教师可向学生提供一些需要激活的图式才能正确理解的语言材料，然后要求学生根据这些材料进行翻译。同时，英语教师也可以主动帮助学生调动与翻译有关的图式，进而激发学生的学习热情，推动学生学习效率的提升。

2. 语境教学

语境与英语翻译之间保持着密切的关系，因而语境教学的方法是高校英语翻译教学中经常使用的一种方法。在翻译教学中，英语教师应引导学生综合考虑语境，让学生根据已有的知识获取原文含义，并且根据原文中提供的各种信息进行推理，找出作者的隐含意图，从而合理地进行翻译。

3. 讲练翻译技巧

翻译技巧是准确进行英语翻译的保障，因此，英语教师在课程中应该有意识地为学生传输相关的翻译技巧，并且指引学生开展翻译技巧类练习。

（1）直译

直译是英语翻译中最经常使用的一种技巧，它主要指的是在契合翻译语言规则的层面上，在不引发理解偏差、联想偏差的状况下，直接对原文进行翻译。直译强调“形似”，因此能够很好地保留原文的形式与特色。

（2）意译

意译主要是指依照原文词汇的含义及使用意义等相同的目的语来进行阐释。主张译文不必拘泥于原文形式，只要能准确恰当地表达原文含义即可。

（3）音译

音译指的是使用相似或者相同的语言来翻译另外一种语言中的词汇。音译主要适用于专有名词、货币名称、计量单位等领域。

（4）反译

反译与正译相对应，反译指的是将原文中含蓄地表述否定却具备肯定形式的词汇翻译成汉语中的否定句。

（5）合译

合译指的是将原文中出现的两个及其以上的简单句子或者一个复合句融合在一起进行翻译。

（6）分译

分译指的是按照译文表述的需要将原文中的词汇或者语句分割出来，单独对其进行翻译。

4. 交际教学

高校英语翻译教学的主要目标是促使学生形成多元文化交际的能力，因而英语教师往往会使用交际教学的方法来组织各种教学活动。交际教学注重学生的主体地位，主张教师的教学活动要始终围绕学生展开。

首先，英语教师向学生提供相同内容的源语和目标语两种文本的材料，引导学生进行对比，分析两种语言的不同表达方式以及两种文化的模式差异。

其次，安排学生进行模仿和互译练习，从而促使学生创造性地使用语言，培养学生的翻译意识和能力。

再次，提出翻译要求，指导学生独立进行翻译练习。

最后，完成翻译练习之后，英语教师与学生一起对译文进行分析和评价。在此过程中，英语教师应该鼓励学生积极参与到教学活动中，可以采取鼓励及表扬优秀学生的方式，以使学生在参加教学活动的同时提升自身的翻译技能。

## 二、写作教学

英语是世界通用语言，因此学好英语对于我国高校大学生来说不管是对于未来的工作还是生活来说都是非常重要的。对于英语的学习主要是掌握英语的听、说、读、写和译五个部分。在“互联网+”的时代背景下，各国之间的沟通交流变得日益频繁，因此英语的听、说和写三个部分显得至关重要。

### （一）写作教学概述

1. 英语写作的心理历程

不管是作家还是普通的学生，写作心理对于写作本身都是非常重要的。

在“互联网+”的时代背景下，对高校大学生英语写作的心理历程进行探索对于提高大学生的英语写作能力十分重要。通常情况下，高校大学生在进行英语写作时会出现以下几个心理过程。

（1）由视觉表象转变为文字

对于高校大学生来说，这是一种很常见的英语写作心理机制，其主要原因就是视觉上的内容转化为文字内容通常会比较简单，而且知觉活动通常是文字写作的开端。通常情况下，高校大学生在观看黑板、书籍、电视等载体上的文字时就会在自己脑海中形成对应的较为清楚的英语字母表象。在这一过程中，学生脑海中的表象越清晰、越深刻，那么接下来的写作模仿就会越顺利、越流畅，在写作速度上也会越快。由此可以看出，高校英语写作是一个由仔细观察到具体模仿实践的过程，最终达到熟练运用的程度。临摹写作是写作活动的一种主要形式，由于是临摹，所以在写作的过程中还伴随着视觉活动的出现。

高校英语写作最基本的要求就是要保持写作书面的整洁、清晰而且有较高的准确度。所以，高校英语教师在对学生进行教学时要认识到自己的写作对学生所起到的示范作用，时刻注意自己书写的准确度和美观度，为学生提供鲜明而准确的视觉表象。高校英语写作除了临摹写作之外，还有创造性写作，所以高校教师应该对学生进行及时的引导，引导学生积极进行创作性写作，鼓励学生大胆想象，培养学生的动脑能力，从而形成好的写作习惯。

（2）写作技巧动型化

写作技巧动型化指的就是高校大学生在进行英语写作时会出现零散的写作动作，经过长时间的重复这些零散的动作就会连接成一个动作整体，从而达到动作自动化的态势。由此可见，写作技巧动型化实际上就是高校大学生写作动作的高度熟练化。随着高校大学生写作动作的不断重复，其动作的熟练程度也在不断提高，那么在写作的时候高校大学生就会将原来的以单词为单位进行书写变成以短语、句子为单位进行熟练书写，这对于加速写作、提高写作效率有着重要的作用。

为了让学生较快地掌握这一技巧、提高写作效率与速度，高校英语教师就需要利用各种方式进行引导，让学生多加练习，多写多练，使学生的写作熟练程度得到进一步强化。

（3）联想构思能力

所谓的联想构思指的就是在日常生活中，人们对层次关系、从属关系、因果关系等事物内在联系的具体看法。语言是人类思维的重要工具，因此高校大学生应该将语言作为思维的重要工具去使用，以此更好地发挥英语的交际功能。要想将英语变成一种重要的交际工具，就需要对这一语言进行熟练掌握，养成和发展学生的英语联想能力，使学生看到一个单词或者是一句话就能够联想到多个与该单词或句子有关的其他单词、句子，比如看到 family，就会联想到 father，mother，brother，sister 等。

学生掌握了英语联想技巧不仅能提高学生的英语写作水平，同时还可以提高学生的阅读能力，深入领会文章的意思。所以，高校英语教师应该注重对学生进行联想构思能力的培养，这不仅对学生写作能力的提升有显著的作用，同时对于提高学生的思维能力也有重要的意义。

（4）演进式表述能力

这一能力从本质上来说就是上述提到的联想构思能力的集中体现，演讲式表述能力可以将定向思维、想象力、各种连接语言进行紧密结合，这不仅可以使学生的写作更具有逻辑性，同时还能够提升学生写作的速度和准确度。比如有一篇以 I like to draw 为题的英语作文，其演进式的表达就是“I am a middle school student. I like to draw. I draw mountains, rivers, trees and birds. Now I am drawing a tree. Look! 1 have drawn it. There are leaves and flowers on it. The leaves are green. The flowers are red. They are very beautiful.”从这一例子可以看出，演进式的表达能力对于提升学生的逻辑思维能力、表达能力、理解能力等都有着非常重要的作用。

2. 英语写作教学的意义

（1）促进英语语言生成

中国学生的第一语言是汉语，英语对于中国学生来说属于第二语言，在第二语言习得的过程中难免会出现各种各样的问题。一般认为，在目的语国家学习目的语与通常会起到事半功倍的效果，但是在非目的语国家学习目的语，则通常需要学生付出巨大的努力才有可能习得目的语。一般说来，一种语言的说和写通常是这一语言生成的重要方式，英语也不例外，但是由于缺乏语言环境，所以显然利用“说”来生成英语是行不通的，因此只能利用“写”这一方式促进英语语言机制的形成。高校学生通过写作，不仅可以促进学生的英语语言表达能力，同时还有利于学生形成英语语言思维，这些作用是在潜移默化中形成的，因此英语写作对于学生习得英语至关重要。

（2）提升英语学习效率

写作的具体特征决定了英语写作能够提升学生的英语学习效率。在我国，不管是语文还是英语科目都需要学生进行大量的写作练习，通过写作练习达到对一种语言技能的掌握与运用。在写作的过程中，学生可以充分发挥自身的主观能动性，写什么、怎样写都是由学生自己决定的，英语写作通常情况下比语文的作文写作还更加自由、随意，所以英语写作能够很大程度上激发学生的学习积极性，提高学生学习英语的效率。

（3）开拓其他方面的英语技能

高校大学生进行英语写作练习对于其他方面英语技能的形成有着重要的影响，其主要表现在两个方面。

第一，高校大学生进行英语写作不仅可以拓宽学生的词汇量，而且对于英语语法的掌握与应用也有着重要的作用。学生在写作的时候通常在表达方面会比较重视，而且书面语具有表达准确、结构优美等特点，这实际上对学生运用词汇的能力进行了考查，因此英语写作对于学生掌握词汇的意义和用法有着重要的意义。与此同时，学生在写作时是不能出现语法错误的，因此英语写作对于学生巩固、使用英语语法具有重要的促进作用。

第二，高校大学生的写作过程不仅是英语语言生成的过程，同时也是自我观点表达的过程，英语写作可以使教师了解学生对一些事物的观点和看法。除此之外，书面语表达实际上可以看作口语表达的文字化，因此通过英语写作教师可以整体把握学生的英语表达能力，从这一层面来说，英语写作实际上有利于学生英语口语表达能力的提高。

英语写作对于学生英语综合能力的形成与提高有着不容忽视的作用，因此高校英语教师应该注重对学生英语写作能力的提高。而且，当前是互联网高速发展的时代，很多学生会在网络上和外国人聊天，这个时候就需要用到英语，而且聊天也是英语书面表达的一种方式，由此可见，高校学生英语写作能力是多么的重要。

### （二）文化差异与写作教学

1. 语言文化差异对英语写作产生的影响

（1）词汇文化差异对英语写作产生的影响

通常情况下，对于一种语言来说一个事物或者概念对应的词汇通常只有一个，但对另一种语言来说就有可能有多个词汇与其对应。汉语文化和英语文化就属于这种情况，中西方国家无论是在语言方面还是在文化方面都存在巨大的差异，这使得人们在交际的过程中会产生较大的困难。

（2）句子文化差异对英语写作产生的影响

①句子的重心存在差异性。

英语在表达的过程中，通常会把说话人的目的、观点等放在句子的前面，然后再具体介绍事情的缘由、经过。所以，英语在写作的过程中，其句子通常呈现出显著的先短后长、头轻脚重的结构特点。比如“It is regrettable that the aggressive market strategy of Japanese colleagues and their apprentices in Korea has resulted in destructive price erosion for consumer electronics goods”这句话。前面的“It is regrettable”先表述自己的观点，然后再阐述缘由，整个句子显得头轻脚重，分布不均。

汉语的句子在表达的时候则是与之相反的，汉语习惯先铺垫或者是先叙述原因，然后再表达自己的观点。

②语态之间的差异。

第一，使用被动语态的频率不同。

和汉语相比较，英语更习惯使用被动语态。在英语中有大部分的及物动词和相当于及物动词的短语都有自己的被动式表达。但是相比于英语来说，汉语则更习惯使用主动的表达方式，之所以会出现这种差异主要有两个方面的原因：首先，汉语的句子表达结构通常是“主语+述语”，这一表达结构不太适用于被动的表达方式；其次，中国人自古以来就受到传统思维的影响，注重“悟性”，强调“事在人为”和个人的主观感受等，喜欢站在自己的立场上看待问题，一般都是将施事者作为句子表达的主语，所以很少使用被动的表达方式。

第二，被动语态的表述方式有所不同。

英语被动语态的表达通常都是通过形式的变化来体现，而汉语被动语态的表达则体现在词汇上，具体表现为以下三种情况：

第一种：汉语的被动语态通常都习惯使用主动句式去表达，例如，“每一分钟都要很好地利用”，而在英语中则是这样表达的：“Every minute should be made good use of.”

第二种：汉语表达被动语态的时候习惯使用一些助词来表达被动意思，能够表达被动语态的助词主要包括“被、受、让、叫、给、被……所”等。

第三种：汉语在表达被动语态的时候，通常也习惯使用无主句的形式来表达。

2. 社会文化差异对英语写作产生的影响

由于中国与西方国家之间存在着较大的文化差异，中西方国家的人们思考问题的方式也存在一定的差异性，那么双方国家的学生在对英语写作进行词汇选择时也会出现差异。例如在英语写作中，有很多英语学生都会把“端午节”翻译成“Dragon Boat Festival”或者是“Double Fifth Festival”，这两种表达方式无论是哪一种都体现了作者对我国“端午节”的理解与认识，那么这一翻译让读者体会到的也是这一节日所具有的具体的、直观的文化行为。这一翻译充分体现了西方国家对我国端午节的认识，他们认为中国的端午节就是赛龙舟的日子，但实际上，赛龙舟只是我国端午节的一个重要民间活动而已。由此可以看出，语言表达是人们对事物的主观认识，中西方文化差异对英语的写作有着重要的影响。

### （三）“互联网+”时代写作教学的方法

在“互联网+”这一时代背景下，高校教师在对高校学生进行英语写作教学时就有了更多的方法。

1. 读写结合

“读”实际上是一种输入语言的手段，“写”则是一种输出语言的手段，“读”与“写”之间保持着紧密的联系。具体来讲，“读”是“写”的基础，“读”可以为“写”积累语言材料，不仅能够使学生知道写什么，还能使他们知道如何去写。因此，在英语写作教学中，英语教师一定要运用读写结合的方法来引导学生写作。

2. 文化导入

实践证实，汉语文化对我国大学生的语言表述习惯、思维方式等方面产生了深刻的影响。为了避免汉语文化对学生英语写作带来的负面影响，英语教师应通过多种渠道帮助学生掌握中西方的文化差异以及这种差异所带来的英汉写作上的不同，提高学生的英语语言应用能力。具体地讲，教师可以安排学生与外籍教师、学者等用英语进行沟通，了解西方文化；也可以利用图片、音频、视频等教学手段为学生创造有利的英语学习环境，让学生尽可能多地了解英语文化的背景。长此以往，此种方法不仅能够开拓学生的视野，还能够使学生感知到英语的魅力，逐渐养成运用英语来表达自己思想、思考问题的习惯，进而流利地写出英语文章。

3. 对比分析

中国文化及西方文化之间的差异性使得英语语篇与汉语语篇的写作也出现了较大的差

异。因此，英语教师在英语写作教学中可以帮学生演示与剖析英汉语篇在遣词造句、文章结构等方面的差异，引导他们在写作时有意识地避免受汉语思维的影响，写出更符合英语表达习惯和英美文化的文章。除此之外，英语教师在批改学生作文时，应明确指出学生写作中不符合英语表达习惯的语句，并注明正确的英语表达，使学生更清楚地看到差别，并在不断修改的过程中逐渐学会用英语进行思考与表达。

4. 仿写练习

由于受到汉语思维方式的制约，大部分学生在写英语文章时会将汉语的思维方式套用到英语写作中，一边思考汉语中是怎样进行表述的，一边将汉语表述翻译成英语。这种接近“汉译英”的写作模式不但效率低下，而且还会造成汉语思维和表达习惯对英语写作的负迁移作用。为了使学生克服机械、低效的写作方式，在英语写作教学中，英语教师应引导学生对一些英文材料进行仿写。通过仿写，学生不仅能够积累一定的英语写作素材，还能清楚、快速地了解地道的英语语篇应该如何展开，从而培养学生良好的英语语感和写作习惯。需要注意的是，仿写材料既可以是教材中的英语课文，也可以是文学名著。除此之外，英语教师也应该提倡学生运用词典等工具书来帮助其写作。

# 第四章　高校英语教学的师资与环境优化

## 第一节　高校英语教学的师资优化

### 一、高校英语教师的角色及素质要求

在“互联网+”的时代背景下，人们的生活发生了翻天覆地的变化，高校英语教学模式需要做出改变，同时高校英语教师所发挥的作用也产生了一定的变化。

#### （一）高校英语教师的角色

1. 教师的角色

（1）教育者

教师首先是一名教育者。作为一名教育者，教师就需要承担起教书育人的重任，对学生进行教育与培养。教师要想成为一名合格的教育者，就要具有强烈的责任感和浓郁的敬业精神，在日常生活中能够以身作则，除了对学生进行知识的传授之外还应该用自身的行为感染、熏陶学生，从而使学生形成正确的世界观、人生观和价值观，帮助学生树立良好的人格。

（2）工程师

教师被称为“人类灵魂的工程师”，既然是“人类灵魂的工程师”，那么教师就需要承担起引导人、改善人和塑造人的任务。教育的目的就是使人向着好的方向发展，纠正人们不好的行为、净化人们不好的心灵才出现的。教师既然是工程师就需要掌握一定精湛的技术，这个技术就是教师教书育人的能力和知识的储备量。因此，教师必须在知识储备和教学技能方面不断地使自己得到提升。

（3）激励者

教师是学生人生道路上的引路人，更是学生成为一名成功者的激励者。那么作为学生

人生的激励者教师需要承担鼓励学生学习、满足学生求知欲望的使命。在教学过程中，教师应该给予学生充分的信任，通过鼓励等方法激励学生的学习兴趣，对知识的渴望是学生取得进步的基础和前提，同时也是学生获得优异成绩的巨大动力。教师的任务就是教学，通过教学内容的传递促使学生敞开他们的智慧之门，调动他们的学习兴趣，从而激励他们勇于探求知识、探索世界。

（4）艺术家

教师能够将原本不够优秀的学生变得优秀起来，这就像艺术家创造一幅精美的画卷一样，因此教师也是一名伟大的艺术家，教师通过手中的“知识之笔”和“智慧之笔”在学生人生的画卷上留下非常重要的一笔，使学生有一个精彩的人生，因此教师在学生生涯中扮演着重要的艺术家角色。除此之外，教师还在学生中传播“美”，教会学生什么是“美”，如何才能做到“美”，以此不断提高学生欣赏“美”的能力。生活之美、工作之美、学习之美等，都是教师需要让学生用心体会的，这是教师作为一名“艺术家”应该做到的事情。

（5）指导者

教师是学生学习过程中的引导者，因此其在学生学习中扮演着“指导者”的角色，这一角色对于学生的学习非常重要。教师通过对学生进行知识的传递与思想的引导，促使学生掌握一定的科学文化知识，并且形成一定的人生技能，让学生在未来有一个更好的发展，因此教师“指导者”的身份对于学生获取知识来说至关重要。

从上面的描述中我们可以看出，教师这一职业有着多重角色，他们不仅是一名教育者，同时还是一名伟大的工程师、一名学生的激励者、一名富有创造性的艺术家和一名学生获取知识的指导者。无论未来科技多么发达，无论社会多么进步，也无论教师所教学科多么不同，各个教师所承担的使命和任务都是一样的，教师的本质特征是不会发生改变的，因此每一位教师都应该做到这些共有的特性，成为一名合格的教育者。

2. 英语教师的角色

英语教师是教师职业的重要组成部分，因此英语教师除了要具备上述提到的共有角色之外，还要承担学科所特有的角色。英语教学有着其特殊的方法和体系，因此教师在教学过程中需要从英语这一学科的特点出发，不仅要使学生掌握英语语法，同时还要教会学生如何说、如何听和如何用，注重提升学生听、说、读、写的能力。除此之外，英语对于学生来说是比较难的学科，教师需要通过一定的教学方法激发学生学习英语的兴趣。因此，英语教师通常扮演着以下八种角色。

（1）英语语言知识的引导者

教师是英语语言知识的诠释者，因此教师要具有渊博的英语语言知识储备。也就是说，英语教师必须对专业知识有系统的掌握，并能够系统地分析各种英语语言现象，通常英语教师需要掌握的专业知识包含理论知识、语境知识、实践知识等。英语教师只有掌握了这些知识，才能对语言材料、语言现象有一个清晰的剖析和阐述，也才能解答学生学习中遇到的问题，使学生能够恰当地理解并实现语言输出。可见，教师是英语语言知识学习的引导者和帮助者。

（2）英语语言技能的培训者

英语教师不仅是英语语言的诠释者和分析者，更是英语语言技能的培训者。学生在学习语言时，对语言知识的掌握是必要的前提条件和基础，而学习语言的目的是提高和发展自己的语言运用能力。英语教育的目标是让学生具备一定的读写译能力，而听说能力是提升学生读写译能力的前提和基础。因此，在高校英语教学中，教师必须具备掌握语言技能培训的能力，这是一个全方位的概念，是听、说、读、写、译的有机结合。

（3）英语课堂活动的组织者

对于任何教学活动来说，课堂活动都是必不可少的，高校英语教学也不例外。英语课堂活动是课堂教学的载体，设计合理的英语教学活动有助于提升教学的质量。英语课堂活动是训练语言技能的一种有效方式。

（4）英语教学方法的探求者

在英语教学中，教师不仅是固有教学方法的使用者，也承担着新型教学方法的探求者和开发者的角色。语言教学具有很强的实践性，因此与教学方法关系密切。英语语言知识的分析、语言技能的掌握、课堂活动的组织等都离不开科学的教学方法。任何一种教学方法都不是万能的，英语教师需要将各种教学方法综合起来对教学进行组织和实施，以便获得更好的教学效果。

（5）语言文化差异的解释者

英语教师还充当着中西方语言文化差异的解释者的角色。文化差异逐渐成为中西方跨文化交际的障碍。在英语教学与学习中，除了要教授英语语言知识和技能外，还需要教授文化背景知识，三者是相互促进、相互弥补的关系。

（6）英语语言环境的创设者

语言环境对于语言学习有着至关重要的作用。通过创设真实的语言环境，教师可以将新旧知识串联起来，了解中西方的文化传统习俗，接受原汁原味的中西方文化的感染和熏陶。这比学生单独学习词汇、单独学习句子等成效显著得多。英语语言环境的创设不仅在课堂教学中展开，在课外也应积极创设。在课堂上，教师可以利用网络多媒体技术让学生了解与西方社会文化资源接近的各类文化资源和语言环境。在课外，教师可充分利用网络教学平台、引导学生阅读英语报纸杂志等，使学生能置身于英语学习的环境中，不断提高其英语水平。

（7）英语教学测试的评价者

教学评价是高校英语教学的一个重要环节。对高校英语教学进行科学、全面的评估对于教学目标的实现是非常重要的。教学评价既是教师获取教学反馈、保证教学质量的一个重要依据，也是学生改进学习方法、调整学习策略的一个有效手段。

（8）英语语言教学的研究者

英语教师除了担任语言教学任务外，还承担着研究者的任务。他们在掌握语言教学理论与性质规律的基础上，逐渐构建自己的教学理念，并运用这一理念去指导实践活动，达到良好的教学效果。因此，英语教师在英语语言教学实践中，必须进行英语语言教学的理论研究，将教学研究与课堂教学实践相结合，从而实现理论到实践的转变，再到理论的升华。

3. 基于“互联网+”的英语教师的角色

在信息科技高速发展的当代，互联网的兴起对教师角色的扮演提出了更加严格的要求，教师们面临着更大的角色扮演挑战和教学挑战。当前是“互联网+”的时代，时代的进步要求高校教师使用更加先进的教学方法和教学手段，改变原有的教学理念和教学模式，只有这样才能够更好地适应当前时代的发展和满足当代学生对于知识的渴求。因此在“互联网+”的时代，高校英语教师除了要扮演上述八种角色之外，还要积极主动地担任起以下几种角色：

（1）单元任务的设计者

高校英语教师在教学过程中，每一个单元都有单元主题目标，这一主目标通常都需要教师合理地设计单元任务，学生通过对这一任务的学习与操练使自己的英语知识面得到拓展，同时通过任务的解决也可以提升自己分析问题和解决问题的能力。所以，围绕着单元主体目标而设定的单元练习任务对于学生学习英语有着非常重要的意义。相应的，教师的任务就是对单元训练任务进行合理设计。这一任务的设计需要以学生的学习水平为基础，要能够体现和提升学生的现有学习水平，不能过于困难也不能过于简单；教师在提出单元任务之后要求学生在规定的时间内完成，然后对学生完成的结果进行及时查看，最好当场给出分数和评价，让学生知道自己的优势和不足之处。在设计任务时应该体现全员参与性，积极调动学生学习的热情和积极性。

单元任务的设计需要体现出学生在某一单元学习过的内容，要能够对学生学习过的内容起到巩固与复习的作用。只有学过的知识被充分地吸收和掌握，学生才能够逐渐地、真正地掌握英语这一语言。

（2）教学模式的设计者

在“互联网+”的时代背景下，高校英语教师需要改变原有的教学模式和教学方法，寻找更加新颖的、能够适应学生学习需要的教学方法和课堂教学模式，不仅要充分利用互联网的优势，同时还要吸引学生的学习注意力和提升学生学习英语的效率。因此高校英语教师在设计教学模式时需要以学生感兴趣的话题为基础，增强学生的学习兴趣，比如校园生活、学业压力、人际关系、就业、考研等。教学模式在实施的过程中不能离开教师的教学主题，而且还可以让学生进行分组讨论或进行主题写作，以达到对某一主题的学习与掌握。

由于教师教学过程中需要借助网络，所以教师在对教学内容进行安排时需要提前从网上筛选出合适的教学辅助材料。但是也不是所有的教学都需要网络教学，比如对内容的讲评或学生讨论就不需要借助网络，而阅读和写作课就可以借助网络进行教学。

当前互联网高度发达，无论什么样的英语学习主题几乎都可以在网络上找到相关的学习资料，而这些网络资料通常又是非常全面的，包含这一主题的文化知识背景和主题发展动态；教师提供了学习材料之后学生又对主题材料进行整理与总结，然后总结出自己的结论或心得，最后再与其他的同学进行讨论，这种学习模式不仅可以提升学生自主学习的能力，同时还可以培养学生的人际交往能力。教师打破了传统的教学模式，同时也取得了更加显著的教学成果。

（3）学生网络学习的帮助者

在“互联网+”的时代背景下，教师有的时候需要通过网络进行授课，这个时候就需要教师充分发挥自身对学生的网络监控作用。教师不仅可以通过网络进行授课，也可以通过网络监督学生的学习过程，了解学生学习动态，为学生及时地提供学习需求。教师可以通过互联网对学生进行辅导与帮助，尤其是对一些成绩比较差的学生，网络辅导教学是非常重要的，可以帮助他们及时地解决疑问，从而提升差生的学习成绩。不仅如此，教师还可以通过监控学生浏览网页的次数和频率对学生的学习爱好进行了解，同时也能够了解学生在学习过程中遇到了哪些问题，因此网络教学对于教师来说是非常方便的，也具有较强的实际意义。

需要注意的是，教师关注的不仅是学生们共有的疑问，对于个别疑问也应该重视起来，进行有针对性的解答，这样有助于提升个别学生的学习成绩。综上所述，学生网络学习通常会方便很多，教师在学生网络学习中也扮演着重要的角色，为学生的网络学习提供帮助，由此解决学生的疑问，提升学生的学习成绩和学习能力。

（4）在线学习系统的建立者

在“互联网+”的时代背景下，网络技术为学生的学习提供了诸多便利，同时也对教师的教学有着重要的辅助作用，但无论是教师借助网络进行教学还是学生借助网络进行学习，都需要建立一个完善的学习系统，教师就是这一学习系统的建设者。教学过程是教师教和学生学共同组成的一个动态过程，因此这一学习系统不仅包括教师端，同时还包括学生端。学生需要在学习系统中填写个人的基本信息，然后向自己的班级教师发出加入申请，教师再对于加入的学生进行审核，审核通过后学生才能够成功地加入学习系统中来。

学习系统中有各个功能的导航，根据导航提示，学生可以对自己学习所需要的材料进行下载。比如在学习系统中，通常都会有“单元测试”“家庭作业”等学习项目，学生可以在线对这些练习进行作答，然后再提交由老师审阅、批改。如果学生想参与讨论的话，就可以通过“师生论坛”或者 E-mail 的形式与教师或者其他同学进行讨论，参与网上学习互动。

由上述描述我们可以知道，学习系统实际上就是课堂教学或网络教学的课外延伸。通过这一学习系统，教师可以清楚地看到学生的学习记录与学习成果分析，从而快速地、直观地了解学生的学习效果与对知识点的掌握情况。

（5）交互机制实施的促进者

英语是一门语言类学科，教师只是对学生进行语言的输入实际上并不能保证学生真正地习得英语这门语言，但是交互活动却可以很大程度上帮助学生习得英语，这里说的交互活动主要包括意义协商和语言输出两个部分。互联网时代的网络技术又为这一交互活动提供了极大的便利，使这一交互活动有了前提条件与基础。教师是交互活动过程中的有效促进者，应该积极地引导学生参与到交互活动中去，从交互活动中感受英语的魅力，提升他们的英语学习兴趣。

### （二）高校英语教师的素质要求

互联网技术的发展很大程度上引起了教学理念和教学方法的变革，其中“以学生为中心”的教育理念逐渐地深入人心，得到高校教师的广泛认可。在“以学生为中心”的教育理念下，高校教师更应该加强自身素质的建设，以身作则，从而潜移默化地影响学生。

1. 职业道德要求

职业道德指的就是教师在从事这一行业时所具有的职业操守和道德品行。教师职业道德是教师在教学过程中道德意识、道德规范、道德情操等素质的综合。不管时代如何变化，教学方法与教学模式如何创新，教师的职业道德要求是不会发生改变的。

以互联网为依托的教学有线下教学，也有线上教学，而且随着时代的发展，线上教学以其独特的优势越来越受到人们的欢迎。在进行线上教学的时候学生与教师通常面对的都是屏幕或摄像头，都是与机器设备之间的交流，在这种情况下学生如果遇到了问题或疑问，就需要教师做出更加细致、耐心的回答。因此，线上教学模式要求教师有更加高尚的品德修养，有更加强烈的耐心和责任心，对于学生的学习情况也更加关注，尤其是对学生不懂的地方。

具有良好职业道德素质的高校英语教师一定是对学生循循善诱、耐心有加、善于关注学生学习情况以及学生身心健康状况的。教师通过把握学生的学习特点和心理特点，帮助高校大学生在“互联网+”时代形成健康的生活心理、学习心理和工作心理，引导高校大学生树立正确的职业观、人生观和价值观，形成积极向上、健康的心理。

互联网实际上是一个复杂的环境。互联网中有好的、积极向上的信息，同时也有不好的、消极颓废的信息，而这些好的或不好的信息都会给高校学生带来无形的影响。在互联网环境下，所接收的信息实际上是非常复杂的。当代高校大学生对新鲜事物充满了好奇心，尤其对新兴事物他们都希望自己能够亲身体验一下，对于一些不良信息也缺乏一定的抵抗能力，这种情况下高校大学生的网络处境实际上是非常复杂且危险的。所以，高校英语教师首先要有高尚的职业道德和职业操守，然后对学生进行耐心的引导，积极了解他们的心理动向；高校教师也可以通过了解高校学生的兴趣爱好为学生推荐良好的兴趣软件，防止学生陷入不好的环境中去。

为了防止学生陷入不良的网络环境中，高校教师需要及时地为学生提供可以帮助学生学习的电子书或学习资料的视频文件，防止学生因随意查找资料而进入不良环境中。同时教师还需要建立 QQ 群或微信群等，为学生提供讨论平台和讨论空间，加强师生之间的沟通与交流，及时为学生解决学习过程中遇到的问题。

除了上述提到的要求之外，教师的良好道德素质还体现在以下四个方面：

（1）坚持正确的政治方向，具有高度的责任感

青少年是未来国家发展的动力，是民族发展的希望，而教师在青少年的生活中扮演着重要的角色，教师对青少年进行培养与教化，承担着为国家与民族培养高质量人才的重要任务。教师的言谈举止都可以对学生产生重要的影响，简而言之，其对于青少年世界观、人生观和价值观的树立有着举足轻重的影响。责任是作为一名教师的职业灵魂。由此可见，责任对于教师职业来说是多么重要。教师职业责任可以分为三个部分：岗位责任、社

会责任和国家责任。这详细地说明了在新时代我国教师职业道德和思想品德所包含的重要内涵。

（2）热爱教育事业，爱岗敬业

教师职业道德的内涵是十分丰富的，爱岗敬业是其中之一。每一位教师都应该为教育事业而奋斗终生，以培养更多的人才为职业目标，为教育事业献出自己的青春和生命，对待工作认真负责，一丝不苟，对待学生严慈相济，不离不弃。只有对教育事业有了足够的热爱，才会将自己的一生都献给教育事业；只有拥有强烈的热情和责任心，才能做好教书育人的工作，才能在自己的职业岗位上焕发光彩，富于激情，才能成为一名合格的人民教师。

（3）关爱学生，诲人不倦

教师热爱学生是作为一名教师应该具备的最基本的职业道德素质，而且教师对学生的关爱是学生取得成功的关键因素。这主要体现在对学生的了解、信任和尊重上。高校英语教师要做到“以学生为中心”就需要以促进学生发展为中心，能够设身处地为学生着想，关心学生的生活、学习、思想等各个方面，努力和学生成为无话不谈的好朋友。

（4）以身作则，为人师表

教师通过自身高尚的行为对学生产生潜移默化的影响，对于学生行为习惯的形成具有重要的影响，因此教师需要做到以身作则，时刻谨记自己为人师表应该有的行为。新课程改革明确提出为人师表，必须成为学生行为规范的示范者，而不仅仅是促进学生的学习。所以，教师无论是在生活中还是在工作中都应该时刻注意自己的言行举止，严格要求自己，用自己的行为感染学生，促使学生向好的方向发展。与此同时，教师还应该熟知教师职业道德规范的内容，做到终身爱岗敬业、以身作则，以此来影响自己的学生形成正确的“三观”。

2. 专业素质要求

（1）丰富的专业知识储备

在当前互联网高速发展的时期，高校英语教师为了更好地满足学生的专业学习需求，应该具备相当丰富的专业基础知识，扎实的专业知识是对高校英语教师最基本的要求。这里的英语专业知识主要指高校英语教师的英语基本功，简单来说，就是高校英语教师掌握和使用英语语言知识和技能的能力，将英语的相关知识准确而完整地传达给学生的能力，用英语进行课堂教学的能力，这也是高校英语教师必备的最基本的专业素质了。

体现出高校教师具有较强的业务素质，其英语的口语表达能力和写作能力是两个重要的衡量标准。因为在“互联网+”这一时代背景下的高校英语教学如果采用新兴的网络教学的话，就需要教师通过文字与声音和学生进行交流与沟通。可想而知，如果教师自己都无法用英语清楚地表达其意思，那么这一节课一定是无效的，学生会没有任何收获，更不要说师生之间的有效沟通了。与此同时，教师还需要对学生的批判性思维进行培养，英语是西方国家的语言，需要学生形成正确的是非观；同时教师需要引导学生正确地对待不同文化之间的差异性，消除对异国文化的偏见，只有这样才能更好地学习一个国家的文化和语言。

由于是网络教学，所以高校英语教师还需要具备一定的使用现代科技进行教学的能力，充分利用现代网络信息让学生学习到更加全面而系统的知识。

（2）先进的教育理念

在“互联网+”的时代背景下，高校英语教师完全可以利用网络的力量为学生提供一个较为真实的语言学习环境，让学生在真实的语言环境中去感受英语的魅力，体验学习英语的乐趣，而不只是为了应付大学中的期末考试或英语等级考试。当然，在为学生提供真实的语言环境之前，高校教师需要先转变自身的教育理念，树立先进的教育理念，拥有长远的目光。简单来说，这种先进的教育理念就是“以学生为中心”，教给学生真正需要的知识，能够在未来的生活与工作中运用到的知识，而不是只是为了让学生顺利通过考试。

高校教师需要对自己的学生有一个充分而全面的了解，知道学生将来打算使用英语做什么，然后再根据学生的需要选择教学内容，真正做到“以学生为中心”，而不是想当然地认为学生们都只是为了通过考试才学习英语的。“以学生为中心”的先进教育理念还体现在教师与学生在课堂教学中的互动上，教师在教学过程中扮演着主导者的角色，而学生才是学习的真正主体，因此高校教师在“互联网+”这一时代背景下一定要注意多与学生互动，让学生树立学习的主人翁意识，让他们认识到学习是为了自己而不是为了别人。总而言之，先进的教育理念对于高校英语教师来说非常重要，也是高校英语教师必须具备的专业素质之一。

（3）创造性的思维方式

在思维这一方面最为可贵也最为难得的就是创造性思维，创造性思维是一种具有很高实用价值的思维方式，主要指人们运用新的方式、新的技术分析问题和解决问题的思维方式。一般来说，创造性思维主要具有四个方面的基本特征。

首先是创造性思维的独特性。主要体现在主体打破常规思维，从新的角度去分析问题和解决问题的能力。

其次是创造性思维的多向性。主要包含两个方面，即发散性思维和聚合性思维。

再次是创造性思维的综合性。主要体现在主体通过分析、归纳与综合，从而找出事物的主要矛盾或矛盾的主要方面并妥善解决的能力。

最后是创造性思维的发展性。主要体现在主体对于事物的发展具有预见能力，从而推测出事物接下来的发展趋势。

在“互联网+”这一时代背景下，高校英语教师应该主动培养自己的创造性思维，使自己在教育教学创新和教育科研发展方面有所建树。高校英语教师的创造性思维还体现在教学方法的创新、教学模式的创新等方面。只有具备了创造性思维，高校英语教师才能够培养出具有创造性思维的学生，因此创造性思维是高校英语教师最为重要的专业素质。

3. 科研能力要求

理论来自实践，教学理论实际上也来自教学实践。这一教学实践不单单指教学方面，同时也包括科研方面，科研实践能力也是高校教师需要具备的能力之一。可以说，科研实践也是检验科研理论的一个重要标准。高校教师要想在科研方面有所成，就需要具备使用科研理论和进行科研实践的能力，科研实践和科研理论共同促进高校英语教师科研能力的提高。

在“互联网+”这一时代背景下，高校英语教师要想具备科研能力，就需要先掌握一定的科研方法，如教学实验法、问卷调查法、访谈法、文献法等。在具体展开研究的时候，高校英语教师可以选择一个与自己专业发展方向一致的方面进行研究，研究的时候需要注意研究方法的选择。伴随着科研能力的形成，教师还需要具有信息加工、网络搜索、信息反馈等能力。

科研能力是高校教师必须具备的专业素质之一，良好的科研能力有利于促进高校英语教学的开展，而教学实践的开展又促进了科研的进步，从而形成一个良性循环。

4. 实践水平要求

（1）实践能力

高校英语教师的教学实践能力对于高校英语教学十分重要，也是高校教师实践能力的重要体现。高校英语教师的实践能力指的是高校英语教师具备的改造能力和从事英语教学的能力，如信息技术的操作、教学工具的使用等。高校英语教师的实践能力主要表现为两个方面，一个是实际运用能力，另一个就是指导实践教学的能力。

①实际运用能力。

实际运用能力指的是高校英语教师使用英语撰写文章、撰写论文、编写教材、进行学术交流等的能力。其中学术交流是高校英语教师日常教学活动中的重要组成部分，也是高校英语教师的重要职责。高校英语教师需要通过自己的一些科研成果推动所在高校英语专业的发展。不仅如此，高校英语教师还可以在学术交流中发现自身存在的不足，从而得到弥补，促使自身学术水平的提高。

②指导实践教学的能力。

高校英语教师运用英语的能力实际上对学生学习英语产生着重要的影响，这一影响是渗透于教师教学过程中的，是潜移默化的。高校大学生的英语听、说、读、写综合运用能力与教师在教学过程中提供的实践指导是密切相关的。“听”是学习英语必然要经历的一个环节，同时也是课堂教学互动过程中必须要经历的一个过程，高校英语教师需要利用自身的听力能力对学生的发音、语调、语法和表达进行及时的纠正；而高校英语教师的“说”则显得更为重要，教师流利而标准的发音可以为学生提供一个较为真实的语言环境，对于学生学习英语起到示范性作用，同时对于培养学生的口语表达能力也具有重要的影响；“读”是高校英语教师最基本的一个专业技能，通过读，教师可以更好地把握教学内容，向学生传达教学信息；“写”考查的更多的是高校英语教师对英语这一语言的运用能力，写作通常能够体现出一个高校英语教师的专业水平，教师较强的“写”的能力对于学生写作水平的提高具有直接的促进作用。

（2）收集信息的能力

在“互联网+”这一时代背景下，高校英语教师的实践能力还体现在其对信息的收集与运用能力上。互联网上的信息都是海量的，高校大学生虽然具有一定的辨别意识，但是缺乏一定的抵抗能力，因此高校英语教师面对海量信息的时候就需要进行理智的筛选。高校英语教师应该能够迅速锁定自身教学对于信息的需求，然后迅速提炼出有意义的信息，再进行运用，解决教学过程中出现的问题。高校英语教师还需要掌握正确而多样的信息检索方式，通过多种渠道获取自身需要的信息。

在“互联网+”的时代背景下，高校英语教师具有较高的信息收集能力和现代技术掌握能力对于教学质量的提高有着重要的作用。通常情况下，高校英语教师要想提高自身的收集信息能力就需要做到以下三个方面：

首先，高校英语教师需要具备一定的信息敏感性，可以较为快速地从复杂的海量信息中捕捉到自己需要的有效信息，能够从网络信息中捕捉到英语学科的发展动态。与此同时，高校英语教师还需要善于捕捉学生的动态信息，对他们的学习动向进行把握。

其次，高校英语教师需要具备一定的信息获取能力、信息存储与加工能力、信息筛选与创造能力等，可以说这是高校英语教师具备良好的信息收集能力的核心表现。

最后，高校英语教师还需要具备了解动态信息和捕捉前沿信息的能力。

## 二、高校英语教学对英语教师素质提升的途径

对高校英语教师素质的提升主要可从两个方面进行，一个是内部提升，另一个是外部提升。内部提升强调教师对自身教学的反思以及在教学方面的努力程度。外部提升的途径主要是教师参与职业培训、学术会议等活动。

### （一）反思教学

1. 反思性教学理论

（1）反思性思维与教学创新

杜威（Dewey）是美国著名的哲学家和教育学家，是最早对反思问题做出系统论述的人。他对反思性思维进行了深入的研究，同时也提出了如何培养出具有反思性思维的教师。杜威认为，反思是知识获取的最好办法，因为反思使学生对自己学过的知识进行深入思考，有利于学生对学过的知识进行深入的理解和巩固，进而有利于对知识的把握。反思性思维与常规思维有着本质的区别。常规的思维通常都是由教授者对学生进行知识的硬性灌输，无法引起学生的主动思考；而反思性思维则是学生对所学的知识进行反复思考与揣摩。就学生的具体表现来看，反思性思维通常较为沉默，但这并不意味着反思性思维就是沉思默想，其实际上是思想从经验到人的活动结果再回到原先尝试的假设和猜测活动的一个复杂的过程。

杜威关于反思性思维的论述对于我国教育教学的创新有着显著的影响，反思性教学在一定程度上解放了我国教师的传统教学思想，使我国教师从以往的单一的和固定不变的教学行为中解放了出来，同时也促使我国教师变得更加深思熟虑与谨小慎微，能够按照一定的计划实施行动。而且教师在反思性教学过程中能够及时地发现问题并解决问题，进一步激发了教师教学的创造力，使自身的教学水平得到不断的改进。教师在教学过程中遇到的问题又可以激发教师的学科研究动力，从而促进其对学科知识的研究，促进学科教学与学科发展。教师在不断地反思、发现问题、解决问题的过程中就会逐渐形成自己的科研理论，这成为教师进行创造性教学的关键。

（2）教师个人实践理论和反思性教学

教师教学时一般都会受到两种理论的支配，即公共理论和教师个人实践理论。所谓的公共理论指的就是一种一经产出就成为某一类群体或全人类一起共享的理论成果或理性认识，这一享有是不需要付出任何代价的；而个人实践理论刚好与公共理论相反，指的是某一个体产出之后，就储存在创造主体脑中的理论，它不具有公共性，而是由个人产出、个

人享有并运用，与他人无关。不难看出，教师的个人实践理论实际上就是教师在教学过程中形成的教学方法与经验。教师需要对公共理论进行理解、批判性分析，变成教师个人的实践理论，才能使其更好地服务于自己的教学。

公共理论在向教师个人实践理论进行转化的过程中，最为重要的途径就是教师的反思性教学。实践在教师形成个人实践理论过程中也具有非常重要的作用。教学实践由“对行动的反思”和“行动中的反思”共同组成，实际上两种反思行为是相互促进的，共同推动教师形成个人实践理论。在教学过程中，如果反思型教师发现自己的教学行为产生的结果和自己预先的目的不相符合，或在教学行为中出现了什么问题，他们就会及时地做出反应以解决问题，而且在教学行为结束之后就会对自己处理问题的方式方法进行反思，同时对已有经验也进行批判性反思。

如果反思型教师遇到了教学问题，也会选择和其他的教师进行讨论，并想出解决办法，接下来反思型教师就会更加系统地对问题进行分析和解决。甚至将频繁出现的问题作为课题进行深入研究，以形成个人实践理论。从发现问题到反思问题，再到解决问题这一过程，实际上就是教师认识的逐步深入的过程。教师的反思贯穿整个教学实践过程的始终，经反思得来的个人实践理论也可用于指导反思型教师接下来的教学过程，以此促进个人教学成效的不断提高，从而提高自己的教学质量，促使教师的教学能力和水平不断得到提升。

2. 具体实践

（1）实践反思

实践反思的主要方法是行动研究。教师行动研究是教师对自身当下思维与行为的监控与调节、协调与互动。行动研究是一个循环往复的探询新问题，解决新问题的过程：发现问题—形成假设—行动研究—发现新问题，如此反复进行教学探索与提高。行动研究能够帮助教师在调节自身思维活动与行为活动的同时发现教育教学实践过程中的问题，并通过教学实践使问题得到顺利解决，使教师由纯粹的教育教学的实践者提升为教学理论的创造者与实践者。

（2）叙事反思

叙事反思是教师通过内隐或外显的方式将所经历的教育事件与相关感受呈现出来，为他们今后的思考提供素材。教师可以采用想象叙事或内隐叙事的方法，将自己头脑中的各种表象通过思维加工而构成各具意义的情节事件；也可以采用口头叙事的方式将自己内心的东西表达出来；还可以采用书面叙事将自己所见、所闻、所经历的事件写出来。

（3）合作反思

合作反思是外语教师反思性教学和专业化发展的重要途径，包括参与式观察和合作教学等方法。参与式观察以教师相互听课为主要形式来观察和分析同事的教学活动。合作教学指两名以上的教师同时教一个班的学生。英语教学中的合作教学可以促进教师对教学进行反思，有利于促进教学合作、培养教师的专业素质，也有利于培养教师的团队精神。

（4）资源反思

资源反思主要包括观看教学录像带和利用教师档案袋等方法。观看自己的教学录像可以使教师站在客观的角度考查自己的教学实践，它不仅能反映自己教学的优点和不足，也能把很多自己并未注意到的教学细节呈现出来。教师档案袋是对所有关于学生学习和教师教学过程的记录，同时还有教师本人对一些事件的评论和解释。它为教师的反思提供了最直接的情境，可以帮助教师反思自己的教学过程。

### （二）开发教材

教材是教师进行教学的依据，是教师进行学术讨论和促进自身发展的基础，同时也是教学的主要载体，作为教学内容的重要载体，教材的制定与编写通常要以教学大纲和教学计划为依据；教师对教材的认识水平、掌握情况等实际上对于教师使用教材的程度和水平起着决定性的作用。与此同时，高校英语教师对于教材的研究、思考等也是教师提升自身专业素质的重要内容。从教学维度来看，教师对于教材的使用通常包括三个方面的内容：一是高校英语教师对于高校英语教学目标和内容的理解和选择；二是教师对教学过程中教学环节、教学方法的设计与安排；三是教师对教材的课后练习做出的反馈以及教师对教材使用效果的预测。实际上，这三个方面也暗示了高校英语教师在使用教材时所要经历的三个过程。

首先，教师在实施教学之前先对教材进行理解与判断，从教材中获取有意义的教学目标和教学内容。

其次，教师需要根据教材中的内容进行教学，伴随着教学实践的还有教学方法的选择和教学活动的安排。

最后，教师需要对自己的教学效果进行检测，总结教学经验。

1. 探究教材

高校英语教师在拿到教材之后需要对教材进行探究，做出整体把握。英语是一门语言类的学科，英语教材中通常隐含着教材编写者对英语语言学习规律的基本观点与看法。一般情况下，英语学习过程中有两种常用的语言习得方法。首先，教材直接对语言现象进行呈现，讲解英语的语言规则，同时对英语的语言运用进行解释，最后学生需要经过大量的练习对知识点进行巩固与复习；其次，英语教材在编订过程中插入了很多语言实践活动，让学生在学习教材时进行大量的英语口语练习，促使学生在使用英语的过程中习得英语。

教师对教材进行深入的探究与分析，有助于教师对隐含在教材中的语言习得规律进行把握，从而揣摩教材编订者的意图。在这一基础上，教师将自己在教材中探求到的规律应用到教学中去，帮助学生创建目标语境，设置教学情境，充分发挥教师在教学过程中的组织与指导作用，同时积极鼓励学生进行语言实践活动，最终帮助学生习得英语。

2. 开发和编写教材

首先，有相当一部分英语教师都认为教材的编写和他们没有关系，他们只负责教学，至于教材的编写则是由我国的教育主管部门和教材出版部门负责的。

其次，有一些教育管理部门未能充分调动教师参与教材编写的积极性，有的时候甚至不允许教师参与教材的编写与出版。

再次，我国有很多高校英语教师都不具备教材编写能力，他们也没有教材编写这一方面的资源。

最后，即使有些教师编写了教材，也不一定就能出版或得到使用。

事实上，教师是教材的使用者，教师也是对学生最为了解的主体，因此教师参与教材的编写实际上有着很大的优势。

如果我国高校英语教师要参与教材的编写，就必须要注意以下五个方面：第一，要熟知那些有关于高校英语的先进语言理论、学习理论和教学理论；第二，教师要熟知对教材编写进行指导的课程要求是什么；第三，高校英语教材如何使听、说、读、写四项技能训练内容得到平衡分布；第四，如果这一高校英语教材被教师使用了，那么教师如何使用该教材对学生进行形成性评价和终结性评价；第五，编写出来的教材如何才能满足学生的个体差异性发展。因此教材的编写实际上是一件非常复杂的事情。

### （三）职业培训

职业培训对于教师的发展与进步来说至关重要，职业培训能够在很大程度上满足教师对于教学能力提升的需求。职业培训通常以教师的需求为中心，是提升教师教学技能和专业知识技能的有效途径。

高校英语教师参与的职业培训内容通常是较为全面的，包括学术培训、职业情感培训、专业技能培训等多个方面。知识在更新换代的同时也需要教师不断地对新技能进行学习，而教师参加的职业培训通常由一般技能和专业技能培训两个部分组成，因此我国职业培训的内容和形式也在随着知识的不断更新而得到发展与完善。教师参与职业培训不仅为了加深对学科知识的了解与应用，同时还需要学习如何对学生的言行进行分析，从而探索他们的学习心理。除此之外，教师还需要通过培训了解当前的最新学科资料与教学方式。和传统的教师职业培训不同，“互联网+”时代背景下的高校教师职业培训以培养教师的职业使命感为主要内容。

现在的教师职业培训通常分为入职培训和在职培训，使教师职业培训贯穿教师职业生涯的整个过程。通过职业培训，增强教师的责任感和使命感，促进教师工作能力的提升，从而使教师的素质得到全面提升。

### （四）科研小组

科研小组在高校中是比较常见的，其通常是由同一所学校中同一个年级的英语教师组成并适时地开展教学研究的一种形式。科研小组开展讨论会的时间通常是固定的，讨论的内容是最近教学中遇到的问题或就某一好的教学方法进行讨论，这一讨论话题被称为会议“议点”。“议点”可以是共性的，也可以是个性的。如果“议点”是某一问题的话，就需要在座的小组内教师进行深入的讨论，共同制订解决方案，想出解决办法。在科研研讨会上也可以为某一种教学策略进行演练，对这一策略运用的现实性进行分析讨论，演练之后大家一起讨论，再提出意见，以达到更好、更完善的目的。

作为一名高校英语教师，就应该主动将教学与科研结合在一起，不断提升自身的教学水平和科研水平。同时在教学过程中应该善于培养学生的创新意识，寻找出一条适合学生使用的高效的学习方法，同时教师也可以将自己取得的科研成果应用到教学实践中去，使学生取得更好的学习效果。

### （五）终身学习

当前是“互联网+”的信息时代，知识的更新速度更是前所未有的，因此作为一名高校英语教师必须树立终身学习的理念，不断促进自身理论知识水平的提高，教师自身专业知识的储备是教师进行教学的基础和前提条件。我国有很多高校都公派教师出国进修，高校英语教师参与国际性的培训或出席一些国外的学术会议已经越来越普遍，高校英语教师出国的机会也越来越多。教育部也积极开展各种形式的学术讨论，以此增强我国高校英语教师对教育教学改革的认识。

# 第二节　高校英语教学的环境优化

## 一、营造良好英语教学环境

### （一）高校英语教学环境的作用

1. 提高学生的学习积极性

在“互联网+”时代，学生参与各种形式的英语学习活动，既有助于提高个人英语能力，也能使他们在学习过程中获得情感体验，释放压力。高校英语教学环境优化的基本目的就是引导学生形成英语学习兴趣，培养德智体全面发展的人才。置身于良好的英语教学环境中，既有进行英语学习的客观条件，也存在着浓郁的英语氛围，广大学生参与英语学习的意识能够得到增强。学生通过参加英语社团、各种形式的英语竞赛或交流，有助于深化他们对英语的认识，激发其参与英语学习的积极性。

2. 促进学生建立科学的学习习惯

高校英语教学环境是学生英语思维形成的重要影响因素。在教学环境中，英语氛围有助于提升学生的英语文化素养，帮助他们建立正确的英语学习观，形成英语学习的习惯。浓郁的英语学习氛围对学生的身心具有熏陶作用，对学生英语学习习惯的养成具有推动作用。

3. 促进学生形成终身语言学习思想

对于广大学生而言，尽管他们深知英语学习的重要性，也具备一定的英语知识，但有些学生总在课余时间沉迷网络，参与英语学习的时间极为缺乏。在大学生群体中，“宅”在宿舍中玩手机、打游戏的情况极为普遍，这说明他们并没有形成自觉进行英语学习的意识，也没有养成长期坚持英语学习的好习惯。高校英语教学环境是校园范围内的英语学习形态，具有持续且深刻的教育价值和感染作用，能对广大学生产生潜移默化的影响。

### （二）高校英语教学环境的建设

1. 英语教学环境的构建

个体行为的产生有赖于一定的物质条件和兴趣爱好。物质基础和兴趣爱好能增加人们对事物的亲和力，这种亲和力是个体产生某种行为的内驱力。高校英语教学环境是校园环境建设的一个重要方面，其中信息化设施建设最具直观性，高校英语教学环境优化的效果可以通过学生对高校英语教学的满意程度来衡量。基于英语所具有的实践性特征，英语教学的传递和接收都依赖于相应的载体，英语教学信息化设施的质量和数量，都会对高校英语教学环境产生广泛影响。在高校英语教学环境优化过程中，信息化设施的完善程度与高校英语教学工作的开展有着直接联系，完善的英语教学信息化设施能有力地推进高校英语教学工作的顺利开展。

2. 英语文化资源的开发与利用

在高校英语教学中，应将英语文化资源融入高校英语教学之中，精心打造具有鲜明文化特色的英语课程。特色英语课程建设必须以高校英语文化资源为基础，以英语教材为基本依据，充分开发高校英语文化资源，推进英语课程体系构建。高校英语教学环境的构建，需要结合高校的实际情况以及当地的地方特色，在资源整合的基础上构建高校英语课程体系，以有效发挥特色英语文化资源的育人价值。因此，要重视英语文化资源开发，为高校英语教学环境优化提供支持。同时要科学制定高校英语教学环境优化的方法和策略，探索多元化的英语教学环境评估方式，以优化英语文化资源，提升高校英语教学环境优化质量，通过对英语文化资源的利用实现高校英语教学环境的育人价值。

3. 促进多主体共同参与

英语教师是高校英语教学的核心力量，高校英语教学环境优化必然离不开英语教师的参与。学校领导和英语教师的重视与参与，是打造良好英语教学环境的人力保障。可以通过开展内容丰富多样的英语活动来营造良好的英语教学环境，如开展教职工英语比赛，广大学生充当裁判，为教职工加油助威；开展学校领导、教师和学生共同参加的英语活动，为各主体提供交流和互动的机会，增进师生间的情感交流，以建立平等、民主的新型师生关系。教职工积极参与英语教学活动，有助于使学生形成对教师的良好印象，而且教职工参与英语活动的积极行为，能对广大学生产生引导作用，调动学生参与英语活动的积极性，从而营造和谐的、全员参与的英语学习氛围。

4. 利用课余活动补充英语教学

在学校领导和教师的引导下，课外英语活动得以有序开展，通过参加英语活动加深对英语的认识，其英语知识也得到巩固。在这个过程中，英语教师要注重培养学生的学习能力和自我锻炼能力，组织小型情境交际，深化学生的认识，促进知识学习和实践锻炼的有机结合，以此提高学生的英语能力。组织学生参加英语比赛，有助于提高学生主动参与英语学习的兴趣，提升学生的英语文化素养，使学生通过比赛感受成功和失败的心理过程，体味比赛中所蕴含的英语文化。需要强调的是，在课余英语活动开展过程中，要关注学生的个性，注重学生的个性发展和能力培养，营造和谐、向上的英语学习氛围，以形成引导学生学习英语的教学环境。

## 二、完善英语教学信息化建设

英语教学是学生参与英语学习、提高英语能力的主要途径，信息化建设是英语教学正常开展的物质基础，它能促进英语教学质量的提高。随着教育事业的发展与进步，特别是素质教育理念的提出，高校英语教学日益受到关注，国家为高校英语教学设施、师资建设等提供了巨大支持，使高校英语教学工作的开展获得了良好的条件。但高校英语教学信息化建设仍然存在多种问题，所以仍要持续推进信息化设施的完善，为学生英语学习提供更为有利的条件。

### （一）制约信息化建设的因素

1. 经费缺乏

经费缺乏通常是由两方面因素造成的，一是学校财力有限，各个学校所获得的财政拨款是有限的，而且学校在资金分配上也存在失衡问题，即在课程建设上投入较多资金，而用于信息化建设的资金较少；二是学校资金来源渠道单一，多数学校仅能依靠财政拨款获得资金，部分学校则具备融资的条件，使其资金得到补充，但这种融资方式所获取的资金也是有限的。

2. 学校重视程度低

尽管素质教育正在深入推进，信息化教育在高等教育中的地位有所提升，但学生的文化课成绩依然是衡量学生素质高低的关键因素，因而高度重视文化课教学、忽视信息化教育的观念依然广泛存在。由于对信息化教育缺乏深刻的认识，学校领导往往更加关注文化课程建设，致力于提高学生成绩，而未能对信息化教育给予充分关注，信息化设施建设也难以得到重视，进而影响英语教学的有效推进。

### （二）推进信息化建设的具体策略

1. 拓展资金筹集渠道

信息化建设必然依赖资金支持，因此学校应保证资金合理分配，加大经费投入，拓展资金筹集渠道，为信息化建设提供财力支持。信息化教育是素质教育必不可少的一项内容，信息化教育能对学生语言能力产生直接影响。为推进信息化建设，需要拓展资金筹集渠道，具体措施如下。

第一，国家应高度重视对信息化建设的投资，适当加大政府财政投入；第二，利用地方企业、个人力量等筹集信息化建设资金。部分企业与个人具有较高的经济实力，他们希望回报社会，高校可向其争取投资，并将资金用于信息化建设；第三，可通过市场化运作方式，在社会力量的支持下共同进行信息化建设；第四，地方政府部门在统筹规划年度教育经费时，应划出一定数额的资金，将其用于教学信息化建设，做到专款专用，以切实推进教学信息化建设，满足高校英语教学对信息化的需求。

2. 将信息化建设纳入整体发展规划

高校应将信息化建设工作纳入学校整体建设的发展规划中，科学运用计算机、大数据、多媒体、人工智能，满足英语教学的要求。同时也要根据高校自身实际，创造有利条件，逐步推进高校信息化建设。对于处于经济落后地区的农村学校，可通过多种途径分批次地配备设施，从而为高校英语教学的进行提供基本条件。不同地区的学校可对现有信息化设施加以改造，促进信息化设施价值的最大化。

3. 尽可能满足学生英语学习需求

在“互联网+”时代，高校英语教学效果很大程度上取决于信息化的完善程度和利用程度。因此，对于高校而言，要加强信息化建设，为学生的英语学习提供有利条件，保证设施得到充分利用，以更好地满足学生英语学习的需要。随着学生英语学习意识的增强和教育信息化战略的推进，学习英语的学生日益增多，而且学生对信息化也有了更高要求。因此，应根据高校实际和学生需求为学生的英语学习提供多种信息化设施，为学生英语学习给予支持。

4. 管理制度和维修制度的完善

为保障信息化设施的合理利用和使用效果，要加强对信息化设施的管理和维护，既要投入一定的维修资金，也要建立完善的信息化设施安全管理制度，定期对设施进行安全检修，以消除安全隐患，促进管理工作的规范化。此外，管理人员也应经常检查设施，做好设施的养护工作，及时更新数据库与软、硬件，为师生提供安全、高效的英语教学设施。在对设施实施规范化管理的同时，也要通过宣传教育增强广大师生爱护设施的自觉意识，提高师生使用设施过程中的安全意识，从而延长设施的使用寿命，促进英语教学的顺利进行。

## 三、构建信息化教学平台

### （一）建立英语教学网络信息平台

信息化基础建设和应用已出现在高校英语教学领域。利用校园网建立英语信息资源库，为英语教师和学生获取信息提供便利。英语教师可依托互联网进行英语教学、信息管理。在新媒体环境下，信息技术在英语教师教学活动中的重要性日益凸显，它已发展成为英语教师开展教学活动的辅助性工具，有助于促进英语教学效果的增强。

此外，英语教师可根据自身需求，建立个人的网络信息平台，将英语相关知识制作成多媒体课件，将英语运动方法制作成动画，并将其上传至个人微博、公众号、抖音、快手等平台，以供学生参阅。

在高校英语教学中，可建立英语教研组网站，如“教师之家”。其中，可设置“教学课件”“英语知识”“运动技巧”等模块，英语教师将经典课件、关键教学内容传至“教师之家”网站平台，而且也可将个人积累的各种教学资源放于平台，既能实现资源共享，也能促进学生英语知识的积累。同时，还应建立“学生之家”等网站平台，可设置“知识讲坛”“课堂回顾”等模块，英语教师将个人制作的课件、英语相关知识传至“学生之家”网站平台，开阔学生视野，深化学生对英语的认识。

### （二）建立师生信息互动平台

在互联网技术的支撑下，师生互动方式发生了改变，即传统面对面交流的格局被打破，网络平台为人际交流提供了新渠道。师生互动平台的建立，为师生提供了一种新型的互动、反馈的模式。如建立英语教师与学生共同参与的论坛，在论坛中，英语教师和学生可随时进行互动，针对双方在英语教学中的认识与体会展开交流。此外，还可建立 QQ 群、微信群，拓展师生信息交流的渠道。师生信息互动平台的建立，促使英语教师和学生之间的交流和互动更为便捷，有助于英语教师了解学生需求，为学生答疑解惑，也能在一定程度上促进英语教学质量的提高。

在英语教学工作推进过程中，也可建立互动型多媒体资源库，并将其与英语教学结合起来，有助于丰富教学手段，突破英语教学的重难点，增强英语教学效果，引导英语教师向“研究性”方向转变，培养学生探究学习的意识，激发英语教师和广大学生在英语教学过程中的创造性，拓展英语教学空间，提升英语教学质量。

### （三）强化手机 App 的运用

随着智能手机的日益普及，当代大学生对手机有着强烈的依赖性，因而可基于 iOS 和 Android 平台设计与研发一款服务于高校英语教学的手机 App，以促进英语信息资源的整合与利用，营造良好的高校英语教学信息化服务环境。而且借助手机所具备的定位和重力感应等功能，创新学生课外学习的考核方式。手机 App 在用户管理、成绩查询、信息推送等方面具有重要价值。

1. 用户管理

对于手机 App 的用户设置，可与学校教学系统相连接，通过直接获取教务信息为所有大学生生成 App 账号。所有学生在高校英语手机 App 平台上均为实名登录，登录界面主要显示包括学生姓名、学号、学院在内的基本信息。

2. 成绩查询

在各种信息中，英语成绩查询是学生的一个重要需求。手机 App 可将学校各网站中的学生信息予以整合，学生通过这款 App 即可获取英语考试的成绩信息。手机 App 与已有的测试系统相对接，在测试成绩上传后，学生可利用该款手机 App 查询当次测试成绩，极大地增强了学生成绩查询的便捷性。

3. 信息推送

随着新媒体的广泛应用，信息推送成为人们获取各种信息的一种便捷渠道，它是指服务方主动向用户发送信息的一种技术。在信息推送模式下，用户无须主动搜寻新信息，服务方会将相关信息发送给用户。在高校英语教学过程中，同一节英语课程可能会面向学校内部的多个院系，在英语课程或考试安排有所调整的情况下，英语教师很难及时向学生传达信息。对此，英语教师通常先将信息传至各院系学生代表，然后由学生代表向参与英语课程的学生传达信息，这种信息传送方式的效率与准确性极易受到影响。

面对这种情况，在手机 App 功能的设计上，利用第三方推送平台“个推”的服务方式，在该款 App 中添加信息推送功能，以学院、英语课班级等信息为分组依据，提高信息推送的针对性。英语教师也可通过手机 App 向某一学生进行“一对一”的信息推送。所以使用手机 App 的学生，都可收到英语课程信息或其他英语学习信息。信息推送有效提升了英语教师传输信息、学生获取相关信息的效率和准确性，为高校英语教学和英语学习活动的开展提供了便捷服务。

4. 提升信息化教学程度

在高校英语教学优化过程中，英语教师是实现现代信息技术与英语教学有机结合的主体力量。因此，加强英语教学信息化建设，要注重英语教师信息技术水平，让英语教师熟练掌握现代信息技术，并将信息技术运用于英语教学中，从而提高英语课程对学生的吸引力，增强英语教学效果。英语教师具备较高的信息技术水平，一方面，有助于促进现代信息技术在英语教学中的合理运用，让英语教师在英语教学实践中主动探究，以达到现代信息技术和英语教学的高度融合，彰显信息技术在英语教学中的价值；另一方面，有助于提高英语教师对英语课堂的把控能力，使现代信息技术在英语课堂教学中得到合理运用，从而增强学生参与英语教学的积极性。

对于英语教师信息技术水平的提升，主要有以下几种实现路径：其一，英语教师要注重自我学习和练习，密切关注现代信息技术的发展，坚持由易到难，掌握英语教学所需的课件制作软件、视频播放软件等；其二，聘请专业人士，为英语教师开展有关信息技术与英语教学深度融合的讲座，可针对英语教师的信息技术能力开展信息技术培训工作，也可将本校计算机专业的教师作为信息技术培训的主讲老师，实现对本校资源的有效利用；其三，对于具有足够资金支持的学校，可为英语教师安排相关信息技术培训，为英语教师与同行的交流和互动创造机会，达到开阔视野、增长见识的目的；其四，在英语教师信息技术培训工作中，还要注重针对英语教师的特长或兴趣，使其钻研一种技术，达到精通的程度，并通过其在日常教学工作中与其他英语教师交流和探讨，实现共同提高。

# 第五章　高校英语教学模式与创新

## 第一节　高校英语教学模式

### 一、交际型教学模式

交际型教学模式是建立在课堂互动交流基础之上的教学模式。它综合运用各种教学元素，如教师、学生、课堂、场景等，通过师生交流、互动活动、互换角色以及范围更广的交际来进行教学。语言和文化的内在关联属性决定了语言教学在一定层面上就是文化教学；同时强调语言学习的最高目标是为交际服务，以适应和满足跨文化交际的需要。因此，高校英语教学改革与转型的表现之一便是由传统的英语教学模式转向交际型的英语教学模式。

#### （一）交际型教学模式的理论基础

英语教学模式一直是以教师为中心，以讲解分析语言知识点作为最普遍的标准教学方法。这一传统教学模式是建立在瑞士语言学家索绪尔的“结构主义语言学”理论基础之上的。在这一理论中，语言被看成一个完整封闭的符号系统，人们注重分析语言结构，强调语言形式，而语言的意义及其社会交际功能却被完全忽视了。

之后，美国语言学家海姆斯（Hymes）的“交际能力”理论对传统高校英语教学模式给予了极大的冲击。海姆斯提出的语言交际能力具有语法性、可行性、得体性和现实性的特征，其中除语法性属于语言能力之外，其他三种特征均涉及语用能力，它将语言能力与语用能力结合起来。由此，人们开始逐渐认识到语言学习离不开一定的文化语境，学生不但要习得语言本身，还要习得使用语言的规则，而这种交际中语言使用的规则涉及交际主体国家的交往互动，强调个人自身所取得的经验并非来自外部传授。这就对以往传统的教学模式提出了质疑与挑战。

交际的成功不仅需要学生掌握足够的语言知识，也需要学生了解目的语国家的文化背景，还要了解文化方面的可接受性和不可接受性。文化的可接受性和不可接受性，即涉及不同文化背景的人们因不同的行为规范、思维模式、价值取向及语用迁移而造成交际中的文化接纳和冲突。对此，英语教学的最新理念是把跨文化交际能力作为英语教学的最终目的，以避免文化冲突的发生。

## （二）交际型教学模式的优势

交际型教学模式是一种多极主体间的认知交往活动。在语言交际活动中，师生之间、学生之间、师生或学生在不同场景中发生着频繁而密切的联系。交际型教学模式使教学过程发挥更大的功效，比传统的讲授式教学模式具有更多的优势，主要表现在以下三个方面。

1. 学生主动学习

交际型教学模式鼓励学生主动参与教学而不是被动接受教学。学生通过参与教学活动，能主动发现自身和教学中的问题并及时反馈，之后与教师交流解决问题。例如，学生通过团队合作、小组发言、角色扮演、课堂讨论和个人陈述等方式多方面参与教学活动，改变了课堂完全由教师控制的单一局面，学生不再是只被动听讲。这样学生在主动学习的过程中能够得到认可、鼓励和赞扬，有了成就感之后，学习热情自然会被激发，学习兴趣和积极性就会被调动起来。

2. 以书本理论转化为学生的交际能力为导向

高校英语教学的目的是实际的交流和应用。然而在传统教学模式下，教师总是抽象地强调理论联系实际，为讲清某一理论观点而举几个具体事例作为证明。这与身临其境的角色扮演、来自实际的案例分析以及学生通过彼此讨论交流，从实际中反思总结出的理论升华相差甚远。交际型教学模式注重将具体、广泛、深入的理论联系实际并转化为学生的交际能力，它以培养学生的交际能力和解决实际问题的能力为目标，使高校英语教学具有应用价值。

3. 学习效果更佳

传统教学模式下的教学信息基本是由教师到学生的单向传递。而在交际型教学模式下，这种单向交流变成了语用情景中师生之间和学生之间的多向互动。学生通过分享课堂教学内容及控制教学进程，能够在与实际密切相连且充满趣味性的场景中更加生动、真实、标准地运用语言，既实现了学即所需又体现了自我价值。这必然会从整体上提升高校英语教学的质量和学生的学习效果。

## 二、“输入—输出”教学模式

“输入—输出”教学模式的提出是为了培养适应国际经济发展和对外交流需要的跨世纪英语人才，教学过程更符合英语学习的客观规律和学科特点，制定了完善科学的教学大纲，培养学生学习英语的能力和建构英语思维的技能。

### （一）“输入—输出”教学模式的理论基础

“输入—输出”教学模式是以克拉申的“输入假设”和“输出假设”，语言同化与建构理论以及语言习得理论为理论基础的。

1.“输入假设”和“输出假设”

“可理解输入”是第二语言习得的唯一途径，并提出理想语言输入应当符合“i+1”公式。这一公式的含义为：i 为现有水平，1 为略高于 i 的水平。教学的主要任务是提供充足的可理解输入，其中包括学生已经掌握的语言知识 i，又包括新的语言知识 1。而 i 和“i+1”之间的差距是学生学习的动力所在。语言输入材料的难度要稍高于学生现有的水平 i，即“i+1”，学生为了懂得新输入的语言材料，会求助于以前的知识经验或利用语境、上下文等进行判断。通过努力，学生理解了语言输入中“难以理解的成分”，从而使语言习得取得进步。

语言学习过程中应强调语言输出的重要性。输出不仅可以提高语言的流利性，而且还具有使学生集中注意力、进行假设验证和自觉反思等调整自己学习策略的功能，从而提高使用语言的准确性。说和听同属一个语篇层次，写和读同属另一个语篇层次，其中说和写是输出形式，其特点可用“生产性”来表述。说和写的语言产出性运用有助于学生检验语句结构和词语使用，促进语言运用的自动化，有效地达到语言习得的目的。

2. 语言同化与建构理论

（1）语言同化理论

“同化”即是接纳、吸收和合并为自身的一部分。同化理论的核心是相互作用观。新知识的获得主要依赖认知结构中原有的适当观念，新旧观念相互作用的结果导致有潜在意义的观念转化为实际的心理意义，与此同时，原有认知结构也发生变化，这种变化既有质变又有量变。必须通过新旧知识的相互作用来实现新旧知识意义的同化，进而形成更为高度整合的认知结构。

（2）语言建构理论

社会建构主义教育理论的要义，就是知识是由个人建构的，而不是从外部注入的。这种建构发生在与他人交往的环境中，是社会互动的结果。社会建构主义对语言教学具有特殊意义。因为对别的学科来说，语言只是一个学习的工具，但对语言学习来说，语言不仅是工具也是学习的目的。作为学习工具，语言习得本身就是一种社会建构过程，它既有建构的特征，又有社会的属性。但作为学习的目的，学习语言就是建构个人知识，因为知识的基础就是语言，知识的心理与外部表征都是以语言为媒介。所以，语言学习不仅仅是学习语言，更重要的是发现它的社会交往价值。因此，有效的教育实践是建立在学生主动理解的基础上，教师作为中介者，应为学生提供富有个人意义的学习经验和学习机会，由学生自己建构知识，并由此学会学习，学会独立思考和独立解决问题，从而为终身教育打下基础。

3. 语言习得理论

人们掌握一种语言的方式主要有两个：一个是“习得”，另外一个是“学习”。“习得”是指学生通过与外界的交际实践，无意识地吸收到该种语言，并在无意识的情况下正确、流利地使用该语言；而学习是指有意识地研究且以理智的方式来理解某种语言（一般指第二语言）的过程。通过“习得”掌握某种语言的人，能够轻松流利地使用该语言进行交流；而通过“学习”掌握某种语言的人，只能运用该语言的规则进行语言的监控。

## （二）“输入—输出”教学模式的教学策略

为了提高课堂教学效率和质量，在英语教学模式改革中，必须根据所确定的教学原则，采取相应的教学策略，优化课堂教学过程。

1. 教师指导学生学会学习，体验“习得”

在培养学生英语思维能力的过程中，教的同时还要对学生进行指导，即教师在教授知识的同时，要指导学生学会学习，体验“习得”，强调给学生的信息输入，引导学生操练语言输出，培养学生英语思维的能力。包括以下几个方面：

①教师在课前有效指导预习，保证课堂效率。

②教师在讲课时把几个单元的课文当作一个整体，讲解时进行重新组合排列，使学生感受整体的语言情境，要求学生讨论、对话、叙述、表演，在创造的语言情境中掌握语法。

③课后，教师可以要求学生听原声带，复现、体会课堂所学知识。还可以要求学生上

网查询相关资料，完成课后的书面写作。

④学生可以将文章写在作业本上，也可以写成电子稿通过网络发给教师。教师针对文章进行批改和指导，也可以让学生互相批改，还可以通过软件批改文章。

2. 引导学生在课堂上完成知识联网，丰富和完善学生的英语认知网络

学生层次不同，教师要有不同的方法帮助他们联网。比如，A 层次的学生以自学为主，如讨论式、质疑式学习；对于 B 层次的学生，教师要有计划地帮助他们“滚雪球”，逐步积累，要特别注意“温故而知新”。这样的方式给每个学生都创造了参与的机会，学生的讨论、对话、表演要大量运用学过的词汇、句型，促使新旧知识自然相连，达到积累、巩固的目的。

3. 课外学习的管理策略

教师可以推荐一些外文原版名著，让学生自读，并且鼓励学生与外国学生结交“笔友”。此外，还可以加强英语学习与现实生活的联系，经常摘录一些英文杂志的内容给学生阅读，鼓励学生收看英文电视节目，努力使学生的学习与获取日常生活中的各种信息结合起来。

## 三、分级教学模式

高校英语分级教学模式，本着因材施教、提高教学效果的原则，根据学生个体实际英语水平及其接受英语知识的潜能，将学生划分为不同层次，在此基础上确定不同的培养目标，制定不同的教学目标、教学方案、教学计划、学生管理制度等，采用不同的教学方法进行教学活动，在讲课、辅导、练习、测验和评估等方面充分体现出层次性。分级教学的最终目的是让学生在各自不同的起点上分别得到进步和发展。

### （一）分级教学模式的理论基础

分级教学是以美国著名的应用语言学家克拉申（Krashen）“i+1”语言输入假设理论、学习迁移理论和布鲁姆的掌握学习理论为理论基础的，下面具体讲述这三个理论的内容。

1. 克拉申“i+1”语言输入假设理论

美国著名的应用语言学家克拉申提出的“输入假设”理论为高校英语分级教学提供了理论支持。“i+1”语言输入假设理论与分级教学的相关性有以下两方面。

①从课程理论角度来看，“i+1”理论注重学习的结果和目标的达成，集中反映了循序渐进的观点，即强调学习的步骤、方法和过程。“i+1”理论不仅注重知识的获得，而且特

别强调学生获得知识的方法，这正是高校英语分级教学的精髓和理论基础。

②从教学实践来看，分级教学就是针对学生不同的语言技能、认知风格、动机、态度和性格等个体差异施行不同的教学目标、教学要求、教学方法和教学评价。这与 i+1 理论的内涵是一致的。

2. 学习迁移理论

所谓学习迁移，即一种学习中习得的经验对其他学习的影响。其本质是原有的知识在新的学习情景中的运用，但凡一种学习对另一种学习能够起促进作用的，都称为正迁移；但凡一种学习对另一种学习起干扰或抑制作用的，都称作负迁移。众多理论学家针对学习迁移的问题提出了不同的看法，从而形成了各种各样的学习迁移理论，其中的“认知结构说”从心理学角度阐明了我国高校英语分级教学的必要性。

（1）认知结构迁移理论的内容

认知结构迁移理论是美国认知教育心理学家奥苏伯尔（Ausubel）根据他的“有意义接受学习理论”发展而来的。奥苏伯尔认为，认知结构就是学生头脑内的知识结构。认知结构变量就是学生需要应用他原有知识来同化新知识时，他原有认知结构的内容方面的特征和组织方面的特征。奥苏伯尔提出了影响新知识学习与保持的三个认知结构变量，通过操纵与改变这三个认知结构变量可以进行新的学习与迁移。

（2）认知结构迁移理论对高校英语分级教学的启示

奥苏伯尔的认知迁移理论从心理学角度为我国高校英语分级教学提供了理论依据。学生对原有知识的理解、巩固度和对知识的可辨别性越高，越能使认知结构具有系统、清晰和稳定的特点，这有利于学习的正迁移。因此，把对原有知识掌握水平相当的学生安排在一起组织教学，合理安排适合学生学习能力的教学内容，能够促进学习的正迁移，使学生的学习顺利进行，教学才会取得好的效果。

3. 布鲁姆的掌握学习理论

美国心理学家布鲁姆（Bloom）在掌握学习理论中指出，许多学生在学习中未能取得优异成绩，其原因不是学生智慧欠缺，而是由于没有设施完备的教学条件和合理的帮助造成的。如果提供适当、合理的学习条件，绝大部分学生在学习速度、学习能力、进一步学习动机等方面都会变得十分相似。实施分级教学确保我们采用多样化、个性化的教学手段，最大限度地挖掘学生的潜能。由此可以看出，现代心理学研究结果也为分级教学提供了理论依据。

## （二）分级教学模式的原则

教学原则是根据教育目的和教学过程的客观规律制定的，是教学中必须遵循的基本要求和指导思想。分级教学是“循序渐进原则”和“因材施教原则”在教学中的具体运用，是顺利完成教学任务的重要保证。

1. 循序渐进原则

循序渐进的原则是指教师在传授各门学科的基础知识时，既要按照各门学科知识体系的内在规律和顺序进行系统的教学，又要采取相应年龄阶段的学生能够接受的形式进行教学。分级教学使教师得以在学生英语知识体系的基础上进行教学，采取适合他们的教学方法。教师的教学方法得当，才能使学生在学习上循序渐进，逐步提高语言知识和技能水平。

2. 因材施教原则

因材施教原则是指教师要从学生的实际出发，“有的放矢”地进行教育。孔子是因材施教的首创者，他指出：“柴也愚，参也鲁，师也辟，由也喭”，而在具体教学中因材而教之。朱熹概括为“孔子教人，各因其材”，由此产生了因材施教的说法。由于教育、环境、学生本身的实践等方面的不同，学生之间必然存在差异性，因此在教学的时候必须充分考虑这种差异性，一定要具体情况具体分析。随着大学教育的普及，越来越多的学生有机会进入高等院校继续学习，但一个不能忽视的事实是学生的英语水平参差不齐。如果把英语水平悬殊的学生安排在同一班级，教师难以根据学生的特点和个性进行因材施教，很容易出现成绩好的学生“吃不饱”，成绩差的学生“吃不消”的尴尬教学局面，结果是“教师白费力，学生不受益”。而分级教学从学生的实际情况出发，承认个体差异，为每个学生的充分发展提供了条件。

## （三）分级教学模式的实施

分级教学模式的实施，可从以下几方面着手。

1. 合理、科学地分级

分级教学是按照不同的级别制定不同的教学目标，不要求所有的学生达到同一目标。因此，级别设置的科学与否，是分级教学能否最终实现教学效果的前提。为了做到统一考核分级的科学性，需要有科学的分级试题和分级标准。分级标准应采取个人意愿与统一考核分级相结合、实际水平与考试结果相结合的原则。另外，为了调动学生的积极学习情感，将学生分为A、B级两级班比较合理。利用周末的时间给B级班中基础较差的学生补课，由此可缓解基础差的学生的心理压力，不少B级班学生中的差生增强了学好英语的信心，到了期末能和A级班的学生在同一起跑线上竞争。

2. 提高分级的区分度

很多高校都根据高考成绩和摸底考试的分数来设定分级，但每次分级后，有些学生往往因为一分之差没有进入A级班，这一分的差距的确难以说明英语水平的高低。因此，为了提高区分度，可以让学生自己参与分级，实行双向选择。其具体方法依然是参考高考和摸底测试的成绩，同时公布各个级别的不同起点、听说读写各方面的学习要求和最终目标，学生可以根据自己的学习兴趣申请对应级别，由学校最终审定。学生最清楚自己的英语水平和学习兴趣，他们由被动选班变为自主择级，必然能增强学习英语的积极性和自觉性。

3. 贯彻好升降级调整机制

升降级调整机制是指根据选拔和自愿的原则，在一定范围内定期调整学生的级别，使学生的级别随学习的兴趣、成绩以及能力的变化而变化。落后者降档，能给予适当的压力；进步者升级，能给予一定的激励，有助于提高学生学习的积极性和主动性。

4. 制定科学的评价标准

为了检测教学效果，在分级教学模式下，各级别一般采用不同难度的试卷，这就很容易造成一种不良现象：英语水平高的学生英语成绩竟然低于部分水平低的学生。针对这一现象，可以在分级教学的考核管理上增加平时表现在总评成绩中所占的比重，加强试卷命题的科学性，最后利用形成性评价与总结性评价相结合的方式来确定最终成绩。此外，还可以根据各级别试卷的难度引入加权算法，设定一个科学的系数，整体调整A级班或者B级班学生的分数。

5. 尽量避免负面影响

作为改革中的新事物，分级教学在组织和管理方面存在着一些固有的缺陷，如学生容易产生心理波动、集体归属感不强、组织管理的操作过程过于复杂、学生考勤难以控制等问题，这些问题必然会影响分级教学的效果。因此，教育管理者需要制定相应的规范制度，大力发扬分级教学的优势，尽量避免其带来的负面影响。

## 四、网络教学模式

随着计算机网络技术在高校英语教学中应用的不断深入和扩展，网络教学模式在具体操作的过程中积累了各种经验和教训，而这些都促进了对网络英语教学理论和实践的深入探讨和研究，从而有助于解决当前实践中的问题，也为今后的发展指明了方向。

### （一）网络教学模式的定义

要明确网络教学模式的定义，首先要搞清楚模式和教学模式的定义。模式是依据一定的理论基础表征现实活动和过程的一种模型或形式。代表某种对象活动结构或过程的范型，因而既有某种对象活动结构或过程（即所谓的表象），也有内涵（理论基础），其本质是理论和实践所构成的某种概括模型。网络教学模式是在一定教学思想和教学理论指导下，依托计算机网络技术，为达成一定的教学目标而构建起来的较为稳定的教学结构框架和教学方式。

### （二）网络教学模式的分类

1. 网络自主接受模式

网络自主接受模式一般由三种要素构成：学生个体；学习内容，指的是网络课件，通过网络传输的、由计算机作为媒介呈现的图文、声像等语言材料内容；学习指导者，指的是计算机和教师。

网络自主接受模式所传递的主要是客观类的知识和技能，训练主要以选择、填空、拖动配对等具有明确答案形式的问题为主。通过设定计算机的识别和反馈程序，可以自动批改和矫正学生的错误并提供解答。另外，还可以设定计算机程序，使之自动探测学生的学习背景和学习风格等，然后提供适合的学习材料和学习路径等。可以把计算机称为“智能导师”，因为它实际上扮演了教师的角色。而对于学生在学习过程中遇到的各种问题，尤其是一些个性化的难题，以及人际情感沟通方面的问题，则需要教师通过网络交流工具如学习论坛来帮助学生解决。

2. 网络自主探索模式

网络自主探索模式的一般构成要素有：①学生个人；②任务/问题；③参考资源；④教学指导者。

在这一模式中，学习的主要目标是提升学生的语言应用能力，以完成某一具体完整的语言任务或针对某些问题阐明自己的观点作为学习的主要内容。在整个学习过程中，一方面学生可以参阅网络资源或图书列表；另一方面教师会通过电子邮件、论坛等交流工具检查并督促学生的进度，指导学生自己解决遇到的问题，并给予必要的评价和总结。

3. 网络集体传递模式

网络集体传递模式的一般构成要素是：①学生群体；②学习资源；③教学指导者。

这一模式一般有两种教学过程。其一是完全虚拟的网络课堂，教师和全体学生在约定的时间登录属于他们的网络“班级”，教师在虚拟的网络课堂上讲解新课学习内容，组织练习、讨论等活动，对于学生的提问给予必要的反馈指导；其二是自学加集体指导型，学生选择自己方便的时间自主观看教师布置的学习资源，比如一些多媒体课件，然后教师通过网络实时教学系统为学生提供集体指导、讲解和答疑。

4. 网络协作探究模式

网络协作探究模式的一般构成要素包括以下几方面：

①学生小组。在小组中，学生扮演的角色是进行小组自主分工、制订协作计划、定期自查、完成计划、总结发言并提交作品。

②任务/项目。这是网络协作探究模式的核心要素，主要教学理念是让学生通过使用目标语言合作，完成较为复杂的项目或任务，提高自身的语言综合应用能力和团队协作能力。

③参考资源。

④教学指导者。这里的教学指导者即教师；在项目或任务的完成过程中教师给予必要的引导。

这种教学模式的宗旨就是构建一个虚拟的真实任务情境，帮助学生在这个情境中通过使用目标语言来提高外语水平。任务/项目的选择视学生的兴趣和掌握语言程度而定，如果学生小组的语言应用水平比较低，那么在设计任务、项目时也要与学生的语言能力水平相适应，不能差之太远。

## 第二节　高校英语教学创新的方向与趋势

### 一、高校英语教学核心要素的特征及教学模式的转变

#### （一）教师为中心高校英语教学模式的局限性

高校英语教学是高等教育的一个有机组成部分。传统上，高校英语课程计划和教学在

特定的时期、在一定的循环内部发生、发展，高校英语课堂教学任务的设计和实施以及教学评价的手段及目的旨在确认教学任务的达标情况；学生未取得主体地位，在学校这个特定的空间被动地接受英语教育，且有一定的修业年限；高校英语课程内容在覆盖范围和编设程序等方面都有硬性规定；评价形式单一，教材、软件、教学辅助设备等教学媒介基本上是线性的和预先决定了的；教师是高校英语教学的主体和中心，是学生学习、获得英语相关知识的最主要的渠道，是"牵引"学生学习。以教师为中心高校英语教学模式中的教师、学生和教学媒介呈现的相互关系是从教师到学生、从教材到教师与从教学媒体到教师的强交互，而从学生到教师、从教材到学生、从教学媒体到学生则是弱交互。教师除严格按教学要求完成施教的任务外，不能够决定教学目的和教学计划设计。确定自己的课堂教学任务，使学生能力达到教学目标要求，设计课堂教学过程，按教案授课，根据反馈信息重新分析课程和教学方法，以及调整教学方法等。在网络多媒体环境下，这些传统的教学模式、教学内容以及教学方法等都不能够适应新的高校英语教学情境要求。因此，分析网络环境下高校英语教学主要组成要素的特征，构建新的高校英语教学模式成为当下高校英语课程教学改革研究的必然。

### （二）高校英语教学核心要素的主要特征

网络环境下，高校英语课程发展和教学出现了新的特征，在很大程度上不同于传统的高校英语教学模式。计算机网络与外语课程的整合至少取得了英语教学打破教材为知识唯一来源、创设理想的英语学习环境和改变传统的教学结构三大突破，课程不再是绝对规定性的，教师也不再是学生获得知识的唯一连接点。网络信息量极其丰富，但是零乱无序，不具备传统意义上课程在内容范围和程序编设方面的确定性和良好结构。网络信息直接指向学生，学生成为学习的中心，他们可以"控制"学习媒介和"课程"的程序，可以自主选择学习的时间、地点和内容。学习是非线性的和无连续性的。在网络环境下，高校英语课程教学中的学习内容、教师、学生等主要方面都被赋予了新的内涵。

1. 面向世界知识的学习内容

网络环境下，学生接触、学习的内容极其丰富繁杂，远远超出所规定的必修课程和选修课程的教材内容体系，而延伸到与学生当下学习主题相关的影像资料以及从网络上获取的各种信息资源。网络信息和世界知识更直接地指向学生，不再需要中间环节，学生可以完全依据自己的兴趣、爱好和对自己未来设计的需要自主、自由地选择、重组、再加工。网络所提供的超媒体、超文本信息，以及跨学科、跨时空和面向真实世界的链接，构建起了使学生走出高校英语课堂、融入社会实际英语使用情境的内容体系，有助于实现学习内容与学生之间的双向强交互。因此更好地体现了高校英语课程兼具的工具性和人文性。从而在结合高校英语课堂教学巩固语言基础的同时，也成为学生拓宽知识领域、了解世界文化的素质教育课程。从构建课程的角度看，为学生的研究性学习、创造性学习和问题解决提供了更为便捷有效地认知工具和认知空间。

2. 主体地位的淡化

随着学习内容的改变，高校英语教师的角色也相应地发生显著变化。与过去直接的语言知识传授、严格监控的教学活动模式相比，教师更应该强调通过设计重大语言学习任务或问题引导学生学习和支撑学生学习的积极性，隐藏或淡出自己的中心地位，帮助学生成为学习的主体，并设计真实、复杂和开放性的语言学习环境与问题情景，诱发、驱动并支撑学生探索、思考与解决问题的活动。

教师的“中心转向”及其责任之一就是放弃教学过程中的绝对主导者角色，转向为学生自主学习、自我思考、自我发现的促进者、组织者和指导者，帮助学生理解不断变化的环境和自己，最大限度地发展他们的潜能。以学生为中心，强调用真诚、信任和理解的根本原则，强调学习方法。因此，教师要充分信任学生，对学生的任何具有独立性思想与感情都应予以认可，相信他们能够充分发挥自己的潜能。尊重和理解学生的内心世界，使学生获得安全感和自信心，获得真实的自我意识。

教师中心地位的隐藏或淡化并不意味着教师中心地位的丧失。相反，在传统教学模式向网络背景下高校英语课程教学转型开始发生时期，借助网络操作简单、功能强大的搜索引擎，教师有了成为学校课程发展领导者的机会。随着越来越多的高校英语教师和学生走向“键盘”，高校英语教师有了更为广阔的调用网络资源的发展空间，进而发挥新的教学指导作用：超越时空地以超文本的形式与学生在线直接交流，随时随地帮助解决学生学习中遇到的各种问题。

根据特定目标和特定学生设计不同的网络课程任务，对学生进行有针对性的“因材施教”。依据问题、兴趣、需要等，整合不同的主题，建立跨学科的联系。引导学生在网上“电子畅游”世界，开阔眼界，以亲身的探索经历构建坚实的图式基础。引导学生通过网络培养阅读、听说、写作等技能，强化批判性和创造性等高级思维能力。将娱乐性、参与性强的网站引入教学内容之中，激励和刺激学生“人机互动”，寓教于乐。在现实的语言体验中内化语言知识，形成并不断提高综合语言应用能力。

3. 主体地位的突显与学生意义的建构

行为主义的学习理论强调学习刺激与反应的联结，主张通过强化模仿来形成与改变学生的行为。认知主义的学习理论强调学习是认知结构的建立与组织的过程，重视整体性与发现式的学习。人本主义的学习理论强调学习是发挥人的潜能、实现人的价值的过程，要求学生愉快地、创造性地学习。当代的多元智力（MI）理论所倡导的是一种积极的学习观，认为人的智力是由分析性、创造性和实践性三个相对独立的能力方面组成的，绝大多数人在这三方面的表现不均衡，个体智力上的差异主要表现在这三个方面的不同组合上。每个学生都有自己的优势智力领域、有自己的学习类型和方法。建构主义学习观认为，每个学生都不应当等待知识的传授，而应基于自己与世界相互作用的独特经验去建构自己的知识并赋予经验以意义。强调学习的积极性、建构性、积累性、目标指引性、诊断性与反思性、探究性、情境性、社会性以及问题定型学习、基于案例的学习和内在驱动的学习，等等。学习是个体建构自己的知识的过程，以现有的知识经验为基础对新信息进行编码，建构自己的理解，“生长”出新的知识经验，并在信息积累的过程中，不断对新、旧知识经验的冲突引发的观念转变进行结构重组。由于经验背景的差异，学生对问题的理解常常各异，在学生共同体之中，这些差异本身便构成了一种宝贵的学习资源。学生所需要的更多是可以增进他们之间合作的机会，整合不同的观点，进而促进学习的有效进行。

在网络环境下，高校英语学生所担纲的不再是某一种单一的角色，而可以说是上述各种角色的综合。学生在人格上获得了与教师平等的主体地位，成为能“充分发挥作用的人”，他们的学习是主动的，不再是被动的刺激接受者，而成为教与学的主体，是信息加工与知识的主动建构者，通过网络媒体创造的学习环境，按照自己的需要调节内容呈现的形式和进度。通过网络工具他们可以有效控制自己的学习过程，在寻求理解的过程中进一步产生新的学习动机，自己决定信息的关联及其程度，要求课文只给出“大观点”的结构，期望情境性的评价机制。随着学生高校英语学习过程中独立性、自主性和创造性主体地位的提升，在现实语言的交往中自身的语言知识经验得以有效“生长”，学生意义也同时得到合理的建构。

### （三）高校英语教学模式转变的基本原则

网络环境下高校英语课程教学内容、教师和学生的变化，尤其是由以教师为中心向以学生为中心的转变，必然要求对教学方法也应予以重新审视和反思。讲授法是教师通过口头语言向学生系统地传授知识的方法，包括讲述、讲解、讲演三种基本方式。这种基于知识和以教师为中心的教学方法曾在历史上发挥了重要作用，产生了巨大影响，即使在今天的高校英语课程教学中，仍然在部分地沿用。

当代教学理论在教学方法上对讲授法加以改造，注重学习的心理因素。行为主义的教学方法把刺激—反应作为行为的基本单位，认为教学的艺术在于如何安排强化，程序性教学方法设计严格遵循逻辑程序，目的是保证学生在学习中把错误率减少到最低限度。认知主义倡导发现法，强调学习过程、直觉思维、内在动机和信息的加工和提取。人本主义重视教师的促进作用，帮助学生构建意义学习，鼓励学生全人参与、自我发起、自我评价。建构主义要求把所有的学习任务抛锚在较大的任务或问题中，重视学生发展对整个问题或任务的自主权。建构主义教学方法首先是设计支持并激发学生思维的学习环境，鼓励学生根据可替代的观点和背景去检验自己的观点，提供机会并支持学生对所学内容与学习过程的反思。

随着网络时代的到来，高校英语教学范式的设计需要考虑出现的一系列新的变化：以教师为中心向以学生为中心的转变、单一意义刺激向多意义的转变、单一路径向多路径的转变、单一媒体向多媒体的转变、个人学习向合作学习的转变、知识传授向信息交流的转变、被动学习向互动和主动参与学习的转变、事实记忆向研究型和探究型学习的转变以及孤立、人为语境向真实世界语境的转变等。

对这一社会变革力量我们不能采取“等等看”的态度。这不是一个网络“是否”会改变高校英语课程教学的问题，而是“如何”和“何时”改变的问题。“何时”即“现在”。构建高校英语课程教学新的范式势在必行。高校英语教学“中心转向”几个基本的原则是：学生和教师都将同时成为学生。高校英语课程教与学的过程将会是互动的和多向的交流形式，而不是单向的知识传递。教学手段是多媒体的。网络将得到更为广泛的应用，学习资源以多媒体的形式呈现，教学手段趋向多样化。学生自己决定学什么和怎么学去构建自己的知识，不再是被动接受性学习。

教师的主要角色将是引导者（guide）、指导者（mentor）和辅导者（tutor），教师应是反思的，而不仅仅是经验型的。学习需要一套基本的学习技能。包括对新技术的应用能力和认知以及元认知技能等。学习环境必须彻底重新构建。大部分学习经历将指向现在或将来，而不再指向过去。学生考虑更多的将是自己未来的设计，知识的学习和技能的培养与未来有更为密切的关系，并在学习中得到充分体现。对学生的评价应是连续的和发展的，而非一次性和完全标准化的。

为此，高校英语课程教学也应予以重新设计。在网络环境下，以计算机为核心的现代教育技术、教学内容、教师、学生应构成一个生态化的高校英语教学环境，使教师与学生在整合的教学情境中相互作用、相互补充、相互转换，充分发挥教师和学生在教学中的积极作用。当前比较理想的有效教学整合可以设计为下述几种依次由简单到复杂的方法之一或几种方法的组合运用：以事实、表征形式、规则、实践等活动实现知识习得、操作、模型目的的“基于内容的教学方法”；以故事、未知内容作为活动形式实现语言意识、语言兴趣的“基于技能的教学”；以“大观点”、熟悉度、文本组织为教学活动内容实现文本理解、信息联结的“探究教学法”；通过合作活动、小组活动等师生间、生生间互动发展社会技能的“基于概念的学习法”；围绕当前事件设计教学活动内容，达到在不同学科间共享决策目的的“学科间渗透教学法”；针对未来事件拟定教学内容和课堂内外教学活动提高学生分析问题、解决问题能力的“合作学习”；以及导引学生在接触学习内容时充分自由想象，逐步形成对新知识和表征形式的建构的“批判性/创造性思维教学”。

高校英语教学模式的转变，目的是促进高校英语学生个性化学习方法的形成及其自主学习能力的发展。网络环境对高校英语课程教学的内容、教师、学生和教学方法等都产生的深刻影响，网络信息更直接地指向学生，不再需要中间环节，使学生可以完全依据自己的兴趣、爱好和对自己未来设计的需要自主、自由地选择。实现从以教师为中心、单纯传授语言知识和技能的教学模式向以学生为中心、既传授知识与技能，更注重语言实际应用能力和自主学习能力的培养，高校英语教师更应该强调通过设计重大任务或问题引导学生学习和支撑学生学习的积极性，隐藏或淡出自己的中心地位，帮助学生成为学习的主体，并设计真实、复杂和开放性的学习环境与问题情景，诱发、驱动并支撑学生探索、思考与解决问题的活动。高校英语学生主体地位的获得，使其由被动的刺激接受者走向更加主动的有效学习，去生成自我语言知识，建构自我意义，成为教学的中心。以学生为中心的高校英语教学模式的转变是学生主体得以显现和持续的保障。

## 二、深化高校英语教学改革的对策

### （一）明确高校英语教学的目标与任务

不明确高校英语教学的目标，容易迷失高校英语教学改革的方向。高校英语教学的目标是培养学生的英语综合应用能力、发展学生的自主学习能力与提高学生的文化素养。其中，最重要的是培养学生的英语综合应用能力。高校英语教学要培养包含听说能力在内的综合应用能力，以改变传统“聋哑”英语的被动局面，提高学生的英语交际能力。

虽然强调听说能力的培养，但也不能削弱英语其他应用技能的培养。英语综合应用能力包括听、说、读、写、译等多方面内容，除了要重视听说能力的培养，英语阅读能力、翻译能力和写作能力也不可忽视。阅读能力是听、说、写、译等各种能力的前提和基础，是语言知识和文化信息输入的主渠道。在英语听说环境受限的情况下，阅读是人们接触英语最方便快捷的途径。

### （二）构建各具特色的高校英语课程体系

高校英语课程体系的设计要立足于学校及学科人才培养的需求，从学校的办学与人才培养目标出发，构建具有各高校特色的高校英语课程体系。在构建高校英语教学课程体系时，要充分考虑学校部分学科发展的需要，采取高校英语教学“四年不断线”的方式，培养高素质、具有国际视野的学科人才。大学一、二年级主要为学生开设综合英语课程（读写课和听说课），大学三、四年级主要开设以专业英语或学术英语为主的特殊用途英语课程。特殊用途英语课程是英语基础课程与专业双语课程之间的桥梁。通过特殊用途英语课程，及其后续专业双语课程的教学，使学生顺利地从大学综合英语的学习过渡到英语的专业应用类课程的学习。

不同高校通过构建各具特色的高校英语课程体系，设计“四年不断线”的课程，引领正确的教学改革方向。英语教师要相对固定于一个专业的英语教学，了解相关专业学科背景，积累相关的专业英语资料，向大学一、二年级学生推荐与专业基础知识相关的英语听力或阅读材料，使学生在双语课程、专业英文学术报告的熏陶下，潜移默化地接受英语应用能力的培养。

### （三）深化听说教学改革

英语课程教学“要求”提出，“培养学生的英语综合应用能力，特别是听说能力，使他们在今后学习、工作和社会交往中能用英语有效地进行交际”。在教学实践中，要始终按照课程教学的要求，着力提高学生的听说能力。

许多高校首选的应对策略是适当增加听力课的课时，有些高校英语读写课与听力课的课时比例达到 1∶1。除此之外，各高校应深化听说课程教学的改革。一要贯彻“以说带听、以听促说、听说并举”的课内教学原则。不但要在听力课中强化听说，还要在读写课教学中重视听说训练，实现各种教学场合的听说并举，达到提高学生听说能力的目的。二要合理规划在课外时间实施英语听力的教学。除课内教学外，教师要指导学生在课外时间开展听力训练。实行英语四级考试及格后高校英语免修制度的高校，可组织免修学生开展自主听力学习。一方面教师要为学生提供课外听力材料；另一方面要进一步完善英语网络自主学习平台，为学生的课外听力训练创造条件。

### （四）培养学生自主课外阅读的习惯

国内部分高校利用网络自主学习平台，开展学生的英语课外阅读教学实践，但效果不甚理想。课外英语文学作品阅读教学应重视过程性评价。一要以学生为主体，在学生理解作品内容的基础上，教师阶段性利用读写课的教学时间，进行互动交流。师生互动、平等参与的生动情景和各种有趣的竞赛活动能提高学生的阅读兴趣，让学生认真品味和欣赏英语文学作品，避免学生对英语文学作品阅读产生抵触情绪。二要制定合理的英语文学作品阅读分级教学目标。教师要根据英语文学作品的难易程度，分配相应的阅读分值，引导学生根据自己的英语基础选择不同分值的文学作品进行阅读。教师要分阶段对大学一、二年级学生的英语文学作品阅读进行评估，要求学生每个学期完成一定量的文学作品阅读任务；对大学三、四年级学生实行英语文学作品阅读奖励制度，每学期根据学生的阅读分值进行奖励，逐步培养学生自主阅读英语文学作品的习惯。

高校英语教师要以“英语课程教学要求”为纲领，以学校的办学定位和学科建设为服务对象，精心设计高校英语课程体系，构建合理的课程设置，引领正确的教学方向。同时要分析当前英语教学改革面临的问题，主动求变，采用“四年不断线”的做法，在强化听说训练的基础上，将高校英语的教学延伸到学生的专业学习，促使学生顺利地从普通英语学习向专业英语课程、专业双语课程学习过渡，逐步提高学生的英语综合应用能力。

## 三、高校英语教学改革的趋势

### （一）教育信息化趋势下的高校英语教学改革

#### 1. 信息化趋势下的高校英语教学改革

随着信息化在全球范围内的迅速扩展，以及信息技术在教育领域的广泛应用，教育信息化已经成为教育发展过程中的一场深刻变革。

从教育教学过程来看，教育信息化在高等教育方面主要推动了以下方面的变革。

一是信息技术的支撑。信息技术在教学过程的融入，让教学的方式方法发生了深刻的变革，如多媒体教学、网络教学、数字化教学等多样化的教学方式的出现，使信息化成为高等教育育人过程的基本条件。

二是教育理念的创新。信息化推动了教学模式和方式方法的改革，对整体的教育教学过程都产生了深刻的影响，比如课程组织、管理方式、评价体制、激励机制等方面都需要重新架构。

三是实现教育的个性化。信息技术在教育领域的介入和信息化教学平台的应用，使传统的难以实现的教学管理组织和要求成为现实。面对知识水平参差不齐的学习对象，大学可以通过信息化手段实现学生学习层次的分类，进而开展个性化、模块化教学。

高等教育教学信息化是教育信息化工作的核心，是关系到高等学校教育教学改革的关键环节，促进高校信息技术与教育教学的深度融合已成为现阶段教学改革的主要趋势。

这一趋势下的主要工作就是围绕应用信息技术手段创新人才培养模式和课程教学模式，研究建立信息化教学中针对学生的学习评价机制和针对教师的教学评价与激励机制，以及推动高校基于信息技术的“跨校选课、学分互认”、课程共享机制建设和激励优质课程资源共享等。从外部环境来看，经济社会发展对大学的人才培养需求和学生的个性化学习要求，使高等院校必须在新常态下着力把握教育信息化趋势下的高校英语教学改革，顺势而动，大胆探索，从基于信息化环境的校内公共课程内容建设、教学模式建设、评价机制建设等方面入手，结合教学实际打造适合自身的信息化教学新模式。

2. 基于信息化的分层次教学模式改革

（1）高校英语分层次教学模式构建

高校英语分层次教学在国内高等教育领域已有一定的理论与实践基础，如今已成为高校英语教学改革的主要趋势。分层次教学是被很多大学实践的新的高校英语教学模式，只是各个高校的分层模型不尽相同。最初采用的是按照学生入学成绩分层，并且大多采用流动层级的教学模式：即入学成绩高的采用高阶教学，其余则次之，同时根据本阶段的考核结果决定下一学习阶段的学习层次。这样的分层教学模式给学生造成了一定的负面心理影响，尤其是被分到“条件较差”班级的学生会产生一定的抵触情绪，不利于教学的进行和人才的培养。

随着高等教育的快速发展和高校英语分层次教学模式改革的日益深入，单纯以高考入学成绩分层的教学模式已经不能满足社会需求和学生自主学习要求，高校英语教学逐步考虑从多方面、多角度因素对高校英语进行分层。主要有以下三个方面：一是不同学科专业对英语的要求程度不同；二是不同专业学生将来就业后所从事的行业对英语的需求不同；三是学生基于自身兴趣对英语的爱好程度不同。

分层次教学就是根据学生的英语基础、学习能力、兴趣特点、专业方向以及将来有可能从事的行业要求等因素，设计不同的教学目标、制定教学方法，有针对性地对不同层次学生进行相应的学习指导，使每个学生在英语学习方面都能达到最佳效果。在我国古代，就是所谓的“因材施教”，而今则是在“因材施教”的基础上，同时关注社会对人才的个性化需求。

（2）信息化与分层次教学改革实践

在教育信息技术推动的变革浪潮下，以及结合我国高校英语重要转型的契机，应试教育应向多样化应用型教育转化，基础英语教学将向专门用途英语（ESP）转移，为更好地拓展专业知识做好准备。高校英语分层次教学模式改革具备了深度蜕变的改革要素。针对学生的个性化培养和个性化需求，如何建立信息化平台的高校英语分层模型标准变得尤为重要。西北大学结合已有的教学改革经验，围绕“模型构建—平台搭建—兴趣驱动”的改革理念，逐步推进高校英语分层次教学模式改革。

为更好地支撑高校英语分层次教学改革，学校要注重资源共享，着力搭建“教学资源平台”。通过有效整合各类电子图书资源、名师教学视频、教师备课资源等搭建包括视频课程、电子书、学术视频、文档资料等内容的教学资源共享平台。一方面，依托平台有力支持课程的网站建设、在线课程教学、过程分析统计、研究性教学、碎片化学习等，推进了课程信息化教学改革。另一方面，通过技术开发，实现平台与校园网门户教务管理系统的无缝对接，为师生即时登录开展自主学习提供了便利。同时，学校加快筹建人文社科MOOC中心，通过坚持“全面统筹、集中建设、订单开发”的原则，建成符合学校人文社科类课程教学需求和满足学生多元化学习的课程资源平台，解决课程资源共享和多样化人才培养的要求。下一步将加大投入力度，引导与推动不同层次课程与教学团队加快MOOC课程开发与建设，用于课程教学实践。这些课程将遵循“以生为主、以师为导”的新型教学理念，要求教师变“教学”为“导学”，引导学生变“听学”为“研学”。加快从“以教为中心向以学为中心”“知识传授为主向能力培养为主”“课堂学习为主向多种学习方式”的转变，着力培养学生的学习主动性、能动性、独立性，提高学生的创新素质与创造潜能。结合传统高校英语课堂教学的优势，促进师生之间的学习互动，实现教育教学过程线上线下的有机互补。

在全球化趋势下，各国都十分重视信息技术在高等教育领域的应用。教育信息化的发展，已在教育理念、教学方式方法等方面产生了深刻影响，实现并重构着高等教育的开放式发展。高校英语教学改革经过了21世纪以来的不断创新，已经为各学科专业人才素质的整体提升和实际应用做出了巨大的努力，并且朝着更加科学化系统化的方向发展。

师生的计算机技术培训也必不可少。现如今网络覆盖日趋扩大，尤其是智能手机终端的海量增加已经基本实现了“泛在学习环境”，把握新形势下高校英语教学改革，刻不容缓。

### （二）科学的高校英语教学改革观

1. 认清高校英语课程的性质

高校英语教学是高等教育的一个有机组成部分，高校英语课程是大学生的一门必修的基础课程；高校英语是以外语教学理论为指导，以英语语言知识与应用技能、跨文化交际和学习策略为主要内容，并集多种教学模式和教学手段为一体的教学体系。

这里有几个关键点：①高等教育的有机组成部分，说明高校英语不是可有可无的；②三项主要教学内容：英语语言知识与应用技能，跨文化交际，学习策略；③教学体系：高校英语不是单纯的由每周若干课时组成的一门课，而是由综合英语类、语言技能类、语言应用类、语言文化类和专业英语类等必修课程和选修课程有机结合的一个教学体系，自然也包括教学手段在内。

2. 加强师资队伍建设

改革开放以来，大学英语教学的成绩不可否认，这要归功于在一线辛勤教学的广大英语教师。当历史发展对高校英语教学提出新的要求，同样要靠教师来完成这一使命。

3. 建立科学的高校英语教学评估体系

任何教学都可以进行效果评估。要体现评估主体多元化，评估内容多类型，评估手段多样化。

教育部要求在以往高校英语课程要求基础上，制定新的高校英语教学指南。新的指南明确高校英语课程的服务意识是：服务于学校的办学目标，服务于院系专业需要，服务于学生个体发展需要。很明显，这里特别强调的是高校英语教学必须满足的三类服务需求。可以预计，一个全新的、更加注重实际需求的高校英语教学体系会产生，并将在教学实践中不断得以完善。

## 第三节　高校英语教学模式创新的策略

### 一、高校英语教学模式的改革策略

#### （一）传统英语教学模式

传统模式的高校英语教学束缚了学生学习潜能的发挥，这种模式的特征表现在以下几个方面：①教学环境和学习环境单调、呆板，教学过程程式化、填鸭式教学严重；②以教师为中心；③学习成绩与考试与四、六级考试挂钩，侧重阅读，忽视口语；④将语言拆分成零散的语法、词汇、惯用语等语言点进行分析、对比；⑤忽视课外学习内容和活动的安排；⑥教师与学生交流少。

由以上的分析不难看出高校英语教学的各种模式已滞后于现代社会发展的需要，改革势在必行。

高校英语教学界对教学模式转轨达成了以下五个方面的共识：①转变教学指导思想，从知识型教学转向技能型，由知识为本转向技能为本；②确立新型英语教学目标，改革教学效果的评价体系，真正做到以考察交际能力为目的；③改革教学方法，从重“教”转向重“学”，培养学生良好的学习策略；④教学手段多样化，由“书本+黑板”型转向多媒体教学；⑤扩大教学视野，由“语言技能”提升至“跨文化交际”。

## （二）高校英语教学模式的改革策略

1. 坚持用英语组织教学的模式

高校英语是一门实践性很强的课程，用英语组织教学是实践性的具体表现，它的特殊性在于英语既是教学的对象，又是教学的手段，它有利于将教师的教直接转化为学生的练。外语教学的目的不是为了向学生介绍有关外语的知识，而是要培养学生实际运用和驾驭语言的能力。从心理学的角度来看，经常性的复现，是克服遗忘现象最有效的办法。同时，用英语组织教学是英语学习良好精神风貌和成就感的保障。再者，语言是思维的工具，人类的思维方式、思维过程、思维结果都必然要在语言中反映出来。

2. 以学生为中心的教学模式

传统教学模式以教为中心，重视教法，忽视学法，而以学生为中心的教学模式与传统的教学模式截然相反，它主张挖掘学生自身的已掌握的知识和学习经验，使教学内容更加切合实际，也更容易被学生所深切地感知，学生的需要成为一切教学活动的源泉。教师如何引导学生掌握有效地学习策略，充分吸收语言输入，是以学生为中心教学模式的关键。以学生为中心，学生要担当起输入信息的主要任务，从而保证所学内容的关联性。以学生为中心的高校英语教学模式并不否定教师的主导作用，而是要求他们改变以讲授为主的“满堂灌”的教学模式，从原来的传授者变为身兼多重角色：教师是学生语言实践活动的鼓励者和合作者，教师应积极、真诚地投入到课堂活动中，贡献自己的想法和意见，或者根据自己的经历和体会给出一些良好的建议；教师是学习策略的培训者，为学生找到适合个人特点的学习方法；教师是帮助者和资源，教师给予学生及时的帮助使教学活动更加有效；教师是整个教学活动成果的检测者，为学生的进步提供必要的反馈，尤其是在语法和测试等活动中，教师的这种作用显得尤为突出和必要。教师的这种主导作用体现在教师的合理引导，而不是保姆式的全程服务。以学生为中心的教学模式的优点是一目了然的：学生的潜力可以得到充分的发挥；教师和学生能够不断地进行需求分析；课程资源可以得到有效的开发；学生在有效的实践中逐步培养英语的交际能力；学生之间互教互纠、交流学习经验成为可能；良好的师生关系、良好的学风、良好的精神风貌将英语学习导入良性循环。

3. 任务型教学模式

任务型语言教学所追求的是语言习得所需要的理想状态，即大量的语言输入与输出，语言的真实使用，学生的内在动机。任务型语言教学可以最大限度地激发学生的学习动机。任务型教学模式一般分为三个阶段：任务前，教师介绍本课的主题，然后学生进行活动。这些活动可以帮助他们回忆在进行主要活动时所需要的单词和短语，也可以学习一些对进行该任务很重要的新单词和短语。任务中，学生“一对一”或分小组进行活动（通常是阅读或听力练习或是解决问题的练习），然后向全班汇报他们是如何完成任务的，他们的结论是什么，最后他们以口头或书面形式把发现介绍给全班同学。任务后，把重点放在语言上。强调任务中的一些特殊的语言形式并进行练习，并就学生在上一个阶段的表现给予反馈。成功的任务设计应达到：使学生学会用所学的语言进行交流；能使学生在课堂内演练生活真实交际时所需要的语言技能；能激活学生心理和心理语言学的学习过程，使学生的心理压力降低到最低限度；最大限度地发挥他们的学习积极性，让学生对自己的错误持积极的态度，明白犯错误是正常语言学习过程中必然经历的阶段。在语言的使用方面，采用各种各样的任务，可以使学生有机综合运用他们所学的语言，在交流中学会交际。这种交流使学生把注意力集中在语言表达的意义上，以运用语言和完成任务为最终目标，从而降低了他们的心理压力。这个阶段的语言活动通常可以在小组或结对练习中完成。应体现以下特点：贴近生活的语言使用环境；交际的双方之间有信息差；解决实际问题，发挥学生的自主性或创造性。任务型教学法是一种值得推崇的、有利于发挥大学教师和学生创造能力的新型教学法，在高校英语教学中的实施可帮助学生培养在真实环境中综合应用英语的能力，“用看得见的方式体会自己的进步”。学生在完成任务时是为了交际而运用语言，不是为了学习语言用法而运用语言，学生的注意力是在语言意义而不是语言形式上。

4. 文化导入的教学模式

语言学生不可能一下子摆脱自己固有的文化而轻而易举地获得另一种文化。语言既是信息的载体，又是文化的载体。语言与文化是不可分的，语言背景、情景、内容都离不开文化，语言交际能力不仅包括语言能力，还包括对社会文化方方面面的了解。教师在传授语言知识的同时也传递了各方面的知识。因而，外语教学一方面是在语言中教文化，另一方面又是在文化中教语言。文化导入的教学模式旨在通过课堂教学提高、培养语用意识和跨文化意识。在文化导入的教学模式下，语言教学和文化背景知识教学同时并举、相得益彰，教师结合教材内容，有计划、有步骤地向学生介绍英语国家的文化背景知识，这些背景知识涉及政治、经济、历史、地理、教育、文艺、社会制度、生活方式、风土民情、社会传统、民族习俗等方方面面，对于存在文化差异之处有意选择语用难点进行讨论，让学生有机会观察两种文化的共性和差异，逐渐培养学生对其差异的敏感性。

5. 多媒体教学模式

传统的高校英语教学模式局限于教师的传授，教学手段单调，一本书、一支粉笔的教学使得学生在被动接受教师灌输的过程中兴趣索然。多媒体教学模式能够利用计算机和多媒体课件创造优化的学习环境、良好的教学情景，在这种模式下，教师得以生动形象地将历史事件、人物、地点呈现给学生，图文并茂，画面动感，易于给学生留下深刻的印象，学习内容易记难忘，不容易产生乏味感。听、说、读、写、译等各种技能的训练有机协调于同一时间段，真实的材料、真实或接近真实的场景、可反复使用、资源共享等特点保证了多媒体的教学效果和效率。多媒体教学模式方便了学生课内课外语言输入，有利于强化语言学习过程，如果将多媒体教学与交际法教学结合起来，效果更佳。在有的学校这种模式的课堂教学设计包括问题导入、进入课文、演练、讨论总结和结束五个部分。课堂教学以学生为中心，围绕学生展开活动，尽力营造有利于交际的语言环境，激发学生的想象和创新。教师在教学的五个步骤中保证学生充分的活动时间和空间，以突破课文的难点，突出重点，渗透素质教育内容。问题导入体现真实性原则，联系学生熟知的物、事展开话题。进入课文部分引导学生了解课文涉及的文化背景，使用多媒体软件的课文讲解部分，做到图文并茂、形象生动，其中穿插学生朗读、师生问答、同学之间问答，用问题引发课堂讨论。然后是处理难句和篇章的分析和翻译、重点生词和短语的学习。演练部分主要是通过表演运用所学词语及短语的表达方式以达到消化、巩固的目的。

高校英语教学各种模式之间是有机协调统一的，为了取得改革的理想效果，我们需要对教师、教材、教学理念、教学手段等加以通盘考虑，在具体的实施中对参与教学的各种因素进行整合。这其中高校英语教师素质的提高无疑是改革的重中之重。改革绝非仅仅是一张蓝图，而是一段旅程。因此，高校英语教学模式的改革依然任重而道远。

## 二、高校英语“分级制”教学模式优化策略

### （一）对教学分级方式进行优化

在对学生进行分级时，应该充分体现学生的主体作用，对学生的学习层次和个体差异进行充分的了解，使分级科学化，合理化。首先，要对学生给予充分的尊重，将更多的自主权赋予学生，以学生的英语实际水平作为分级参考依据，使学生了解每个级别的教学内容和教学目标，从而在自愿的基础上进行自我定位，这也可以消除级别较低的学生产生消极心理；其次，要注重分级的灵活机动性，分级并不是“终身制”的，要给学生选择、调整和改变的机会。要充分考虑到学生个体的学习进步和能力提高，引入动态的分级方式，以月度或者学期为调整周期，允许学生实现层级的流动；最后，教师应该消除对不同级别的学生产生的偏见，在鼓励高级别学生的同时，对低级别的学生一视同仁，充分发挥其特长与优势，使其树立学好英语课程的信心，从而取得进步。

### （二）对英语教学内容进行优化

1. 课程设置的优化

高校应该以各个级别学生的英语水平为基准，结合英语教学目标，合理进行英语课程安排。分级以后，可以将课程设置划分为两个递进的层次：必修课程层次和选修课程层次。必修课程安排在高校学生入学后的第一、第二学年，讲授内容主要涵盖英语基础课程，包括精读、听说、写作、翻译等，每学期进行期末考试；必修课程层次考试成绩优秀者，可以进入下一个层次，即选修课程层次进行学习，这部分学生往往对英语有着浓厚的兴趣，基本功扎实。这一层次的教学安排在大学的三、四学年，结合学生的学习兴趣和具体专业，有针对性地开设诸如“商务英语”“法律英语”等课程，使学生在掌握专业知识的同时，具备深厚的英语功底，向“复合型人才”的培养目标迈进。

2. 教学内容的优化

安排合理的教学内容也是实现分级教学目标的主要组成部分，各个级别的学生需要具有针对性的教材和教学内容。第一，要重点把握教材的核心内容，比如英语词汇中的“高频词”讲解等，还要注重语言教学的社会属性视角，以真实的材料构建动态的教学情境，使学生在掌握语言功能与形式的同时，增强自身运用语言的能力；第二，要注重筛选教材的相关内容，由于英语讲授不可能面面俱到，若想在有限的课时中最大限度地夯实学生的

英语基础，就必须筛选和控制相关知识，避免过多的“百科全书”式的讲解，将有限的时间与精力放在学生的英语基础和技能训练上来；第三，要积极拓展教材的必要内容，这是指与大学生的专业素养和创新能力相关的教学内容，通过这类内容的教学，培养学生的英语习惯和英语思维，使其树立自主学习的理念，进而发展其学习情感，提升个人的思想品德。

### （三）对英语教学方法进行优化

我国的高校英语授课大都采取传统的班级授课制，在分级教学的背景下，应该为不同级别的学生开发出不同的教学方法和教学体系。针对不同级别学生的基础层次，选取适合的教学方法，可以取得更明显的教学效果。

1. 采用自主学习模式

自主学习模式是指学生在教师的指导下，在总体学习目标的框架下，根据自身实际情况而自由选择学习内容与方法的模式，有利于发展学生的主体性。英语课程的一大特点是实践性强，在教师的引导下，学生会逐渐将英语的学习变成自觉的行为。结合学生基础扎实、学习效率较高的特点，在对少量重点内容进行讲解的前提下，鼓励学生培养自己的自学能力，有利于学生在最大限度上发挥出自身的潜能。

2. 采用合作学习模式

合作学习是在班级制授课中，将学生分为小组进行教与学的互动。合作学习的评价标准兼顾个人成绩与团体成绩。针对学生英语基础中等、学习方法和学习效率均在一般水平的情况，他们有比较强烈的追求成绩进步的愿望，但是缺乏恒心与毅力。他们对英语的基本知识已经掌握，却缺乏对其中更精深的知识的理解。应采用合作学习模式，为其创造更多的英语实践机会，在与小组成员之间的沟通过程中使其智力因素与非智力因素都得到发展，并在巩固基础知识的基础上掌握新知识。

3. 采用讲授教学模式

针对英语底子薄，对英语课缺乏浓厚的兴趣，没有掌握恰当的学习方法，学习效率比较低的学生，对英语基础知识的巩固是当务之急。在讲授教学模式中，教师应注重使这部分学生尽快对英语课程的知识体系有一个清晰的把握，从而加快认知速度，扩大知识范围。需要注意的是，教师应该着力克服讲授教学模式的固有缺陷，即学生的“被动灌输”，要提高自身的课堂调控能力和教学材料组织技巧，使英语讲授的过程充满趣味性与实用性，增强教学效果。

### （四）教学评价的优化

“教学评价是指依据一定的客观标准，以收集相关信息为基础，运用科学的方法，对师生的教学活动及其效果进行价值判断的活动。”在高校英语课程实施分级教学的进程中，教学评价行为应该存在于教学进程的全过程。在分级教学伊始，首先对学生进行的分级就属于对学生英语水平和能力的诊断性评价。这个阶段的评价行为可以使教师把握学生英语的实际水平与需求，确定学生的学习起点，将学生置于适合其实际情况的级别之中，使高校英语教学更具针对性。

具体的评价分为两大类，分别是形成性评价与终结性评价。在教学过程中进行的评价叫作形成性评价，形成性评价目的是针对学生的英语学习过程进行管理，及时得到学生的反馈信息，为教师改进教学提供依据，同时也为学生在层级之间的流动提供客观依据。在某一相对完整的教学阶段结束后，对分级的学生进行终结性评价，具体的做法是，对学生在学习期间具体学业表现进行评价，这个评价阶段可以采用教师评价学生、学生自身自评、学生与学生之间互评的模式。此外，还可参考领导评价、同行评价与学生评价来实现对教师教学行为的评价。

院校应该结合自身的定位，充分考虑生源的差异性和高校英语课程教学目标，明确英语分级教学模式的原则与方法。通过设计合理的英语分级模式，为分级教学提供有效开展的具体思路，同时为其顺利付诸实践提供支持和保障。

# 第六章　高校英语慕课与翻转课堂教学模式

## 第一节　高校英语慕课教学模式

### 一、慕课教育的内涵

#### （一）慕课教育的概念界定

慕课教育以微课、慕课、翻转课堂为载体，对此三个概念的分析，有助于更好地界定和把握慕课教育的概念。

1. 微课、慕课、翻转课堂

随着网络技术的发展，以及微博的普及和盛行，无意之中带动了一股“微”潮流，如微信、微电影、微小说、微访谈、微学习等，微课也是这股“微”潮流的产物之一。微课到底是什么？微课是基于学校资源、教师能力与学生兴趣，以主题模块组织起来的相对独立与完整的小规模课程。微课具有教学时间较短、教学内容较少、教学目的较明确、便于传播、制作简单等特点，能更好地满足师生的个性化教学和个性化学习需求。

慕课是 MOOC（大规模开放在线课程）的中文译名。慕课有多种分类，有基于行为主义的以知识传授为主的慕课，也有基于关联主义的以建立连通和社交网络为核心的慕课，还有其他类型的慕课。与网络公开课只提供教学视频不同，慕课除了提供教学视频外，还像大多数网络课程一样，有开课和结课时间，提供其他学习资源，布置作业，组织在线交流和讨论，对学生的作业进行评价，组织考试，甚至颁发学习证书和授予学分，具有开放性、大规模性、灵活性等特点。

翻转课堂是一种新型的课堂教学模式，新型是相对于传统而言的。教学的基本环节包括三个阶段：课前、课中、课后。翻转课堂与传统课堂的不同就在于课前和课中的任务分配不同。在以往的课堂中，快下课前，经常会听到教师说“同学们课下预习下节课将要上的内容”，即使是学生预习了教学内容，下节课上课时，教师仍会滔滔不绝地讲授学生哪怕已经学会的知识，将教案里的东西完完全全地都传授给学生。对于学生已经学会的知识，教师为什么还要再讲一遍？关键在于没有一种方式和方法让教师明确知道哪些知识学生已经学会而不需要再讲，哪些内容是大多数学生都不会的，只依靠教师的经验是不能完全弄清楚这个至关重要的问题。而这个问题，依靠现如今的网络技术和大数据则会得到解决，在有限的课堂时间里，教师可以很清楚明白地知道学生需要哪些指导，根据收集到的大数据所反映出来的问题，在课堂上重点讨论，答疑解惑，教学做到“有据可依”，这就是翻转课堂。

2. 慕课教育

“教育大辞典”将“教育”定义为“传递社会生活经验并培养人的社会活动”。不同社会阶段的教育也不同，因为社会生产力和生产关系以及经济基础和上层建筑都是教育的制约因素。根据不同的社会历史阶段，一般将教育纵向分为古代教育、近代教育和现代教育。慕课教育是在现代科学技术和现代教育理念的基础上产生的，故慕课教育应从属于现代教育，是现代教育的一种形式。除此之外，还有人将传统教育和现代教育看作一种特定概念，即把德国教育学家赫尔巴特（Herbart）的教育理论称为“传统教育”，美国教育家杜威（Dewey）的教育理论称为“现代教育”，指出“传统教育”以教材为中心，着重传授；“现代教育”则以学生为中心，着重活动，强调学生的主体性地位和主动性。慕课教育是对现代教育的一种发展，是现代教育的一种形式，主体性地位、自主学习、能力培养、个性化发展等在慕课教育中有很好的体现。

什么是慕课教育？对其概念的准确界定是研究的基础。慕课教育，即以关联主义、人本主义和自我教育理论为基础，依托信息化与大数据技术的支持，以线上的慕课、微课和线下的翻转课堂为载体，以问题为中心，在教育者指导下培养学生学习能力，提高教育效益，促进学生个性化发展的一种实践活动，它是一种新的教育形态。由此概念可看出，慕课、微课和翻转课堂分别是慕课教育借以实施的线上和线下载体，便于帮助学生进行个性化学习，实现慕课教育的目标。

## （二）慕课教育的特征

1. 资源共享性

资源共享性包括两个方面：优秀的教师资源和丰富的学习资源。随着互联网的诞生以及教育信息化的发展，慕课、微课、翻转课堂应运而生，以此为载体的慕课教育，借助信息化与大数据技术的支持。学习是各个节点相互连接形成网络的过程，而不是一个人的活动。

2. 复合学习性

复合又称结合或联合，顾名思义指的是两种或两种以上的事物，复合学习即是两种或多种学习方式的结合。互联网诞生以前，知识获取的渠道一般为教材或教学内容以及相关的辅助参考书，学习通常发生在课堂上，通过教师的讲授以及作业的练习等。而互联网以及信息化与大数据技术的支持，使学习不再局限于单一的方式，学习的发生也不再局限于固定的场所和固定的时间。而且，人本主义强调“人”的作用，认为“人”天生具有自我实现的动机和潜能，力求变成他能变成的样子，即“成为你自己”，“人成为目的本身，成为一种完美、一个本质、一种存在”。学生有自我实现的潜能。

慕课教育尊重学生的自我实现潜能，关注学生的发展，不再采用单一的课堂学习，丰富学习方式，故慕课教育的学习具有复合性。这个复合性包含两层含义。首先，通过网络技术的应用，将学习方式分为线上和线下，两种方式相互结合。线上学习是指学生利用电脑、微信、微博等移动客户端，通过微课、微视频、慕课等方式学习知识，或基于某一问题通过网络平台进行探讨，给予学生充分的学习自由。相对于线上学习而言的线下学习，包括课下学生之间的交流以及课上教育者与学生围绕问题产生的互动等，让学生主动探究、协调合作、积极表达，也允许出现不同的声音，而非“一刀切”。线上与线下相互联系，相互结合，线下的讨论离不开线上的学习，线上学习的知识通过线下的互动加深理解，促进内化。其次，基于学习活动的发生，将学习分为发生在学生内部的学习和发生在学生外部的学习，内部学习和外部学习相结合，帮助学生进行教育活动。关联主义认为，学习不仅仅可以发生在学生的内部，通过认知、建构等方式完成知识内化，也可以通过学生之间的相互交流和互动，将知识点与信息源相关联，创生知识，进行学习活动，而这个过程是动态的和循环的。

3. 自主性

“自主”，顾名思义，自己做主，不受别人支配。从心理学角度讲，自主是指遇事有主见，能对自己的行为负责。人本主义强调人具有自我实现的潜能，苏联著名教育家苏霍姆林斯基（Sue Chomsk）认为，学生具备自我教育的能力，并且提出“促进自我教育的教育才是真正的教育”。

既然学生具备自我教育的能力，慕课教育所要做的即为发挥学生自我教育能力，让学生自己做主，促使其对自己的行为负责。慕课教育的开放性，为学生提供了自我教育的机会。因为在丰富的教育资源以及获取教育资源渠道的多样化的慕课教育环境下，教和学不再局限于特定的时间和特定的地点，学生需要学会如何在纷繁的教育资源中选取所需的学习资源，更要学会选择适合的学习方式掌控学习节奏。慕课教育中的学生有较多的自由时间，在完成规定学习的基础上，可以适当地拓宽知识面或加深对于知识的理解程度，这需要学生对自己的时间有良好的规划和管理能力。借助教育媒体和网络平台进行学习时，更要发挥自我监督的功能。学生自主性的发挥并不意味着脱离教育者，教育者在此过程中扮演的是“导演”，让学生作为“主角”尽情地去发挥，学习是通过学生的主动行为而发生的，他学到什么取决于他做了什么，而不是教师做了什么。除此之外，学生作为个体的社会人而言，终究要独立地面对社会，处理各种复杂的社会问题，这不仅是一个社会问题，更是一个教育问题，而慕课教育自主性的特点正是强调让学生而非教育者或家长对自己的学习承担责任，这也是学生学习成功的关键所在。

4. 效益性

效益，顾名思义是效果与利益的总称，较多用于经济领域，指劳动占有、劳动消耗与获得的劳动成果之间的比较。迁移到教育领域的效益，大体表现在教与学的付出和收获之间的比重。慕课教育的效益性相较于传统教育而言，主要体现在以问题为中心培养学生的学习能力方面。知识的海洋永无尽头，并且在变化速度如此之快的现代社会，知识的更新换代也在加快，教育者和学生都需要不断地“充电”，以适应这种变化。而授人以鱼不如授人以渔，教育者对于学生的培养重点应该从知识的积累转变为学习能力的提高。学习能力包括学习知识时区别重要信息与非重要信息的能力、学习过程中发现问题的能力以及发现问题后解决问题的能力。慕课教育强调自主性学习，学生学习知识的时间和地点相对自由，获取知识的途径较多，内容也较为丰富。但在面对大量与所需学习知识相关的周边信息时，并非所有信息都有用，需要学生做出选择，慕课教育教学的发生和发展以学生在自主学习中发现的问题为核心，通过问题的解决实现学生个性化发展。学生在选择信息、发现问题、解决问题的同时，锻炼了这些能力，随着次数的增长和教育者的帮助，这些能力随即得到提高。

## （三）慕课的主要组成部分

1. 网络平台

网络平台是慕课建立的基础。网络平台为慕课课程资源的展示以及慕课课程参与者之间交流沟通提供了可能。慕课网络在线教育平台是基于互联网技术搭建起来的，它对外公开免费开放，为教师提供授课场所，为学生提供丰富的学习资源，它为学生和老师之间、学生之间搭建沟通交流的平台，实现了学习资源的互动共享。除此之外，慕课在线网络平台还提供教学管理和学生学习考核等功能。网络平台是慕课在线网络平台重要的组成部分，是一个巨大的根据地，承载着慕课教育革命的所有使命。慕课网络平台内部也有分类，根据所服务的教育属性不同可分为服务高等教育的慕课平台、服务基础教育的慕课平台、服务职业教育的慕课平台。

2. 网络视频课程

网络视频课程是慕课在线网络平台的核心组成部分。慕课的课程以在线视频讲授的形式，即授课老师提前录制好的视频，然后传至网络平台。视频课程的录制基于大学内的传统教学课堂安排，同时也结合互联网的传授特点，通常每一门课程的教学时间是4~16周，但是不同课程的节数会不同，授课老师根据教学大纲、教学目标和教学内容来具体安排的，课时数一般都不会超过16周。每门课程所录制的视频是基于传统1~2个小时的课程，按照知识模块来分解成时长8~15分钟的微视频。慕课微课堂的设计是为了提高学生学习的自主性，使学生自由把握学习进度，学生只有按老师要求完成一个模块的学习后才可以进入下一个模块的学习。慕课课程的教学结构主要包括：短视频，嵌入式小测验，课后测验，结业考试，课程讨论区，等等。慕课网络课堂嵌入式课程测试与评估的设置不仅提高学生的学习参与度，更是激发了学生的学习热情，提高教学质量。另外值得一提的是，慕课网络课堂的所有的课程视频学生都可以下载下来重复观看学习。慕课网络课堂的互动性也极强，在平台上有许多极富生气的讨论区，选择同一门课程的学生聚集于其中互相交流，有些授课教师也会积极参与其中，或者有教学助理对讨论区中学生热议的问题反馈给老师，然后老师再继续集中解答。有的学生不甘于线上谈论，甚至会通过线上约定一定的时间、地点见面讨论学习情况。慕课网络课堂与其他远程教育或在线教育相比，除实现教育资源的优化共享外，更实现了学生与教师以及学生之间的交互沟通，实现了线上课程测试与考核的结合，它建立起了完整的课程结构，大大提升了学习体验和学习质量。

3. 教师

教师是慕课在线网络平台的主导，任课教师通过录制讲课视频来传授知识。慕课课堂的教师和传统教师的职责不同，虽然都是讲课，但是不再是以往在固定教室里面对面地授课了，慕课网络课堂的任课老师必须根据课程安排提前录制讲课视频，设置微课堂的课堂小测，还必须在课后登录网络平台为学生解答疑难问题。且慕课网络课堂对任课老师要求很高，不仅要具备专业的知识功底，还需要掌握不同的授课技巧，因为他们要接收全球各个国家、各个阶层人士的学生，需要达到更多人的信服和认可，只有专业功底坚实、讲授内容纯熟、讲授方法新颖独特才可以得到更高的点击率。

4. 学生

学生是慕课在线网络平台的主体，他们不仅参与课程的讲授环节，还参与课程学习交流、课程测试及考核等各个交互环节，且慕课学生来自全球各个国家，不同种族，不同语言，这些都丰富了慕课网上学习资源的多元多样。学生们加入慕课也有不同的学习动机、学习需求，有的希望在名师指点下填补知识空白、完善知识结构，有的仅仅是兴趣爱好；有的是工作之余的学习充电，而有的是真心想接受新知识，不断学习，掌握社会潮流趋势。慕课在线网络平台的学生在整体上呈现高学历、多知识结构的特点。

慕课在基于网络平台、课程、教师和学生的基本构架之外，互联网高新技术、资金投入、相关国家政策支持、高校和教育机构及互联网企业的参与和推动也都是其不可或缺的重要组成部分。不可否认，技术为慕课的发展提供了多方的便捷，网络的普及使得电脑成为生活必需品，人们已经开始接触并习惯于从网络获取新知，而大数据、人工智能、云计算等技术的发展为慕课高效共享教育资源提供了便捷。同时大量资金的投入也是慕课快速发展的一个重要原因，慕课商业化的运作可以吸引更多优质资源，使管理更加规范，运作更加高效。慕课高效运作也离不开国家政策的大力支持与引导，高校、互联网企业、教育培训机构是慕课快速发展的推动者，在慕课发展的历程中发挥着倡导和参与的积极作用。

## 二、慕课教育的结构

慕课教育的结构是指慕课教育的构成要素和各要素间的组合关系。分析慕课教育的构成要素是把握慕课教育结构的前提，构建慕课教育要素的线上和线下关系，明确线上、线下实践的基本要求，是慕课教育实施的基本遵循和依据。

### （一）慕课教育的基本构成要素

慕课教育作为教育的一种新形态，其构成必然包括教育的两个最基本的要素：教育者和学生。而教育者与学生通过教育内容相互作用，进行教育活动。除此之外，慕课教育是信息化社会下的产物，依托信息化与大数据技术的支持，以此社会背景为基础，教育物资也是其要素之一。

1. 教育者

教育者，简而言之就是从事教育活动的人。内涵决定外延，由于教育的定义不同，对“教育者”外延的理解也大不相同。基于上述对慕课教育的定义，慕课教育的教育者是指可以促进学生个性化发展、培养学生学习能力、提高教育效益的人。而面对教育环境改变所带来的一系列变化，教育者需积极应对。

首先，转变传统观念。“师者，传道授业解惑也。”作为教育者而言，传道、授业、解惑是其应承担的社会和教育职责，但三者的比重则是不一的。传统教育中的教育者侧重点在于传道和授业。而历史发展到今天，网络的普及、大数据技术的支持以及信息化的发展，知识传授可以通过线上的方式完成，如微课、慕课等，学生利用微信、微博等移动客户端自由地选择学习时间和地点，教育者无须再将大部分的时间和精力投入知识的传授中，而是需要将关注点放在解惑，即学生在学习过程中产生的各种疑问，进而促进其个性化发展，达到“事半功倍”的效果。

其次，加强信息素养。在传统的课堂中，教育者进行知识传授大多借助老三样：粉笔、书、教材，对于现代信息技术的运用也多数停留在 PPT 课件上。而在慕课教育的教学中，知识大多以微课或慕课等形式呈现，通过网络让学生进行学习，学习的效果也可以通过网络数据分析得以反馈，那么这就要求教育者除了具备传统的教学能力外，还需掌握音频和视频的制作以及网络客户端等现代信息技术。面对慕课教育，作为主体的教育者应积极学习相关知识，而学校和相关的教育部门也应承担起这个责任。

再次，提升组织能力。建构主义认为知识是学生在他人的帮助下，通过必要的课程资源的学习，完成意义建构的过程，而非教育者的传授。那么在慕课教育中，学生已在课前基于自身知识基础选择适合的方式和内容进行学习，课堂上教育者的主要任务是帮助学生答疑解惑，通过相互交流的方式对所出现的问题进行讨论和探究，最后以解决问题的方式达到内化知识的目的。在这种教学方式下教育者需要提升其课堂组织能力，更好地帮助学生进行互动，并且引导学生发现问题、探究问题，最后协作解决问题。

最后，把握角色定位。慕课教育以问题为中心，追求的是探究式的学习方法，在彰显学生主体地位、促进学生个性化发展的同时，对教育者的角色提出了新诉求。慕课教育改变的是教与学的方式，故而随着改变的教育者角色在教育过程中体现的较为明显。以翻转课堂为例，翻转课堂将“课堂讲解+课后作业”的教学形式转变为“课前学习+课堂探究”，通过现代教育技术的帮助学生学习课前讲授的知识，在课堂上，教育者的指导和同伴间的协助完成知识的内化，这意味着教师从传统课堂中的知识传授者变成了学生学习的指导者和支持者。

2. 学习者

一切想学习知识的人都可称之为学生，无论有何种学习目的、学习背景或基础。随着技术的发展，进入慕课教育时代，学习方式、可利用的学习媒体和手段都发生了改变，在这种改变下，学生须做出以下变化：

首先，转变传统观念。观念是人类支配行为的主观意识，人类的行为受行为执行者观念的支配，而观念的形成与转变主要受客观环境的影响。学生应改变传统观念中“被教育者教育”的身份，把握主动性，围绕问题进行不断探究，促进自身的发展。除此之外，还需转变“学习只能发生学校之中”的观念，慕课教育的网络平台上有大量免费的学习资源，学习时间和地点也相对自由，即便是已经毕业的学生，只要可以上网，学想学的知识将变成一件容易的事情。

其次，加强信息学习。慕课教育的学习资源大多以微课、慕课的形式呈现在网络平台上，学生获取信息的能力和处理信息的能力至关重要。所谓获取信息，就是在学习某一知识点的过程中，去粗取精，获取跟这一知识点相关的所有信息。在获取信息时，需要检索信息并确定信息来源，选择最佳的信息来源。处理信息是一个知识综合的过程，要求学生综合利用各种信息来源，围绕某一问题去创造新的信息，包括对收集的信息进行归纳、分类、鉴别等。这两个过程都需要教育者在实际的教育过程中细致深入地锻炼学生。而获取信息、处理信息以及遇到问题时与他人的互动交流等，基本上都需要借助网络技术来实现，故网络技术的应用能力也是学生必备的学习能力之一。

最后，提高自控能力。随着技术的发展，进入慕课教育时代，学生可以真正实现自定步调。慕课教育的学习资源大多以音频或视频的形式呈现于网络平台，相对于课堂上的“直播”讲授，学生更容易根据自己的条件把握学习的节奏，他们的双手可以在暂停键、快进键与快退键之间自如切换，根据自己的接受能力与理解程度调整学习进度。如某些学生对某一领域的知识已经了如指掌，他们就可以选择迅速浏览甚至直接跳过这部分内容，而另外一些学生可能对学习相同内容感到吃力，则可以选择不断重复这部分知识讲解。这项“福利”是需要建立在学生拥有自控能力的基础之上，网络世界缤纷复杂，不仅可以学习知识，还可以休闲娱乐等，当学生为了学习而打开电脑，但却做着与学习无关的事情，那么即使慕课教育有再大的优势，也无能为力。所以，提高学生的自控能力让学生为自己负责，势在必行。

3. 教育内容

教育内容是教育者和学生互动的媒介，也是教育者借以实现教育意图、学生借以实现发展目标的媒介。教育工作的要旨在于根据一定的教育目的以及学生身心发展规律充分有效地利用教育媒介来促使学生实现最大发展。慕课教育的内容主要以微课、慕课等方式呈现，以翻转课堂的形式实施，将其分为线上与线下。

线上，顾名思义是指在线学习的方式。线上的教育内容丰富多彩，教育者可以从中选择适合的内容进行使用，也可以自己制作。根据其教学方法的不同，大致可以分为知识讲授型、解题演算型、实验演示型三大类。第一，知识讲授型。知识讲授型的教育内容主要为既成的事实、规则以及历史已经证明的真理，不需要再去探索和证明，这种教育内容以教育者提前录制好的授课视频为主要表现形式。这是最常见也最重要的一种教育内容。第二，解题演算型。此类教育内容主要适用于对典型例题及习题的讲解，演算过程分析，逻辑推理等，以电子白板、手写演示讲解为主要表现形式。第三，实验演示型。此类教育内容主要是对实验过程演示和重难点讲解，可以使教育者在实验室操作实验的现场视频，也可以是利用网络虚拟动画加教育者旁述讲解，适用于学生在教育者的指导下，使用一定的设备和材料，通过控制条件的操作过程，引起实验对象的某些变化，从观察这些现象的变化中获取新知识或验证知识，在实验类课程中较为常见。

线下，其教育内容主要以问题为中心呈现在学校教育的课堂上，其中以翻转课堂为代表。翻转课堂的任务则是帮助学生解决问题，面对不同于花大量时间讲授知识的课堂，教师将会发现自己有好多空余的时间，那么空余的这些课堂时间怎么利用？首先，教师可以用5~10分钟简明扼要地带领学生巩固本节课的教学重点。其次，让学生之间共同协作，以解决所遇到的困惑和不解。再次，通过分析网络教学平台收集到的课前问题，教师带领学生在课堂中进行讨论，并分析总结。对于共性问题，即大多数学生都难以理解或容易出错的问题，教师统一讲解；对于个性问题，教师进行“一对一”的辅导或小型教学。最后，学生将学习的成果以小组汇报、比赛、展示会等方式呈现出来。不同学科的教学内容可以视具体情况而定。

4. 教育物资

慕课教育的物资是指慕课教育所借助开展教育活动的各种物质资源，按照作用的不同，可大致分为教育媒体和教育辅助手段。

教育媒体是教育内容的载体，是教育活动中教育者与学生之间传递信息的工具。教育媒体具有多种形式，如教科书、报刊图书资料、黑板、实物标本模型、录音磁带、电视等。随着社会科学技术的发展，教育媒体的形式也越来越丰富。教育内容离不开教育媒体，通过教育媒体的作用，教育内容可被不同的主体所操作，信息也有更多传递和交流的可能。而慕课教育的教育媒体更多与计算机网络相关，一般分为两大类。一类是制作教学视频时所使用的教育媒体；另一类是交流互动平台。慕课教育多通过网络来实现，教育者教和学生学中所遇到的问题或得到的启发需要借助一个平台来进行交流，如在线论坛、博客、在线实验室等，目前已经有不少学校和教育机构致力于此类互动平台的开发。

教育活动的开展除了教育媒体的参与，还需要一些辅助手段，这些辅助手段虽然并非信息传递的载体，但在某种情况下却是必须具备的工具或手段。作为教育辅助手段的微信、录音机、计算机等现都已被用于慕课教育领域。

## （二）慕课教育各要素间的组合关系

在教育活动中，教育要素被各方面条件所制约，制约条件不同，要素所处的地位也不一样，在教育中发挥作用的方式和程度也存在差异，所构成的组合也相异。依托网络技术和大数据技术的支持，学习既可以发生在线下（现实中的互动交流），也可以发生在线上(在线学习)。慕课教育也是如此，不仅可以在线下进行，也可以在线上开展，线上和线下相辅相成。各要素间的组合关系也因学习发生方式的不同而相异，线上主要包括“三角”结构和“多维网络”结构，线下为“网状”结构。

1. 线上“三角”和“多维网络”结构

(1)“三角”结构

借助于技术的支撑，慕课教育的课堂教学活动以微课和慕课为载体，教育者通过对教育内容的加工，制作成短小的教学视频，并将其组织起来，或者提供相关的学习资源链接，以便学生学习。学生通过移动客户端和网络平台，完成知识的自主学习。在这种情境下，各要素间组合的结构称为“三角”结构，由教育者、学生、慕课和微课等载体所构成。慕课教育的教学活动围绕着微课和慕课进行，包括线上的学习与讨论、课程资源的提供与设计等。

在此结构的教育活动中，还应遵循一定的要求和原则。首先，微课、慕课的制作应把握小步子原则和整体原则。微课、慕课是教育者与学生相互发生作用的中介，其制作和使用应该以学生的知识基础为起点，将教学内容分解成一步一步，呈阶梯状，且两个步子的跨度也应适中。除此之外，在一个个小视频的使用中，还应把握整体原则，注重知识的系统性，关注由知识延伸出的世界观、价值观等对学生身心发展可能带来的影响，注重教育的整体效果。其次，教育者在使用微课、慕课时，应避免“依赖性”。并非所有的教育内容都适合以微课、慕课的方式呈现，如实验体验、人文情怀等。

(2)“多维网络”结构

行为主义、认知主义、建构主义等大多数学习理论都将学习看作是发生在学生个体内部的活动，而实际上，学习还可以发生在个体的外部，通过连接各节点，形成一个学习网络，各节点在学习网络中相互作用，创生知识和技能。发生在学生外部的学习是慕课教育课堂教学之外线上学习的主要方式，基于此，慕课教育各要素间形成的结构为“多维网络结构”。N 表示每个独立个体的节点，节点的数量不限，各个节点通过连接相互碰撞，在原有认知结构基础上，生成一些新知识，而这些知识将对原有的认知结构产生影响，形成一种新的认知结构，之后可能会影响其他人，整个过程在动态中发展。相对于服务课堂教学的线上结构，多维网络结构的学生与教育者界限不再明显，个体更多的既是教育者也是学生，可以根据自己的兴趣在平台上浏览与学习，也可以抛出自己的疑惑，与全世界各地的人们进行交流和探讨，深化认识和创生知识。在多维网络结构中，学习建立在各种观点之上，知识在各种观点的交流中扩充和深化，甚至生成一些新知识，在这个过程中，许多人的小努力可以弥补少数人的大努力。

“多维网络”结构以节点为基础，注重各节点之间的连接，连接是形成学习网络的关键因素，故在实施过程中，应把握参与和分享的原则。个体的节点虽从属于网络，但其具有很强的自治性，参与与否受个体主观因素的影响较大，假如节点不参与，无法形成连接，信息间的流动将会受到影响，故节点的参与是多维网络结构得以形成的基础。而将各节点相连接的关键在于分享，个体需要把自己的困惑或经验与他人分享，相互作用，产生碰撞。参与和分享都具有高度的自治性，虽然在实施时会有一定的困难，但两者对多维网络结构的重要性却显而易见。

2. 线下“网状”结构

线下主要发生在学校课堂中，传统教育的要素组合一般由教师、学生、教育内容三者组成的三角结构。教育内容的编排和组织按照学科的系统性和逻辑性进行，强调知识的完整性。教师和学生作用于教育内容的时间和地点也相对固定，整个教育过程大多发生在学校的课堂中。而教师和学生的关系，由于教育资源的封闭和获取途径的稀少，从教学活动来看，教师处于主动和主体地位，学生相对被动。但从整个教育认识活动来看，教师和学生都是教育认识活动的主体，教育内容是被认识的客体，教师和学生通过教育内容的学习完成整个教育过程。而慕课教育注重技术的开发和应用，大大丰富了教育资源，拓宽了资源的获取途径，同时也使教育内容的载体更加多样化，其要素组合不同于传统教育的三角结构，是由教育者、学生、教育内容、其他四者组成的以问题为中心展开的“网状”结构。

线下的“网状”结构围绕着问题，将教育的各个要素相联系。慕课教育的教育者和学生是广义上的，不仅包括教师和在校学生，还包括教育工作者、教育管理者、社会成员以及参与教育活动的其他人员。既然慕课教育的活动是以问题为中心展开，那么问题会来自哪儿？其来源有三：第一，利用大数据技术，对学生先前教育内容的学习进行统计和分析，得出的对于教育内容所不理解和困惑的地方；第二，基于教育者多年的从教经验，即在进行教学之前预设的问题；第三，教育者和学生对日常生活的观察。基于培养学生核心素养的要求，教育者将打破学科结构，根据问题，对教育内容进行组织和编排，并且在编排的过程中把握“生活化”的原则，以便学生更深刻地理解和掌握所学内容。而学生对于内容的学习方式也更加多样化，借助于丰富多样的教育物资，如在线学习平台、论坛、电子白板、屏录软件等，除了被动地接受，还可以围绕着问题，通过搜索相关的学习资源，进行自主性、探究性、交互性学习。对于结构中的其他因素，包含着多种多样的有利于教育活动开展的未知因素，包括社会工作者、教育情境、家长等。如在关于法律知识的教育内容方面，教育者可以通过向律师请教一些基本的律法知识，或者请律师讲一些日常生活中所碰到的有趣案例，将其录成视频，帮助学生对相关的法律知识形成一个全面深入的认识，在这个过程中，律师就是慕课教育结构中的其他因素。

“网状”结构以问题为中心展开，故在其实施中，所遵循的原则也应基于问题。首先，学生的问题意识。问题是此结构中教育活动开展的中心，学生是教育活动的主体之一，教育者要相信学生具有自我实现的潜能，培养学生发现问题、解决问题的意识，并提高其能力。其次，教育者的问题指导。在学生遇到问题和障碍时，教育者应把握“指导”原则，帮助和引导学生解决问题、扫除障碍，而非“代劳”，直接告诉其答案。

### （三）慕课的影响

慕课作为新型教育发展模式，正在日益冲击着传统教育，给学生、教师和学校都带来重大的影响，也在进一步冲击传统教育的改革。越来越多的高校加入全球慕课在线教育平台，慕课已经对当今世界教育发挥着重要的作用与影响，成为教育改革的新方向，在教育平等性上毫无疑问地推动着世界教育的发展进程。

1. 慕课对学生的影响

传统教育模式下，学生只能通过高考，且考试通过才可以获得高等教育，而那些落榜考生便无缘优质的高等教育资源，教育的公平性也一直没有实现。但是在慕课网络课堂，学生只需要拥有电脑和网络，注册慕课网上在线学习平台，就可以尽情地获取各式优质学习资源，自由地选择学习课程，选修学分，修满足够的学分还可以顺利毕业，拿到心仪学校的毕业证。这些在传统教育模式下是不可能实现的。慕课打破传统教育的封锁，使学生由被动学习变成积极自主的选课学习，学习主动性和效率大大提升。另外，慕课平台的教学管理也相对严格，学生选课后要想得到相应学分，必须严格按照规定完成学习任务，类似学生作业的相互批改、小组合作等都提高了学生的参与度，加强了学生的自我学习管理，对学生自身也有了更高的要求。慕课的线上学习评价系统也相当完备，加之高科技信息技术的协助，慕课在线网络课堂对学生的自我教育、自我管理、自我激励、自我约束等方面会有更大的提升。

2. 慕课对教师的影响

慕课在线网络课堂对教师群体产生重大影响，不仅对教师教学水平提出更高要求，对教师本人的综合素质也提出了挑战。慕课网络课堂将传统以教师为中心的教学模式转变为以学生互动、研讨为核心的对话式教学，学生的主体性、自主性得到彰显，而教师也将被置于一个公开、平等的舞台上，接受全国社会各界乃至全球广大学生的评价，这无疑给高校教师带来了压力。在新型网络教学模式下，学生自主在课前通过慕课在线网络观看教学视频，完成学习任务，而在课堂上更多的是参与话题设置，与老师、同学交流研讨等，教室变身为师生间深度知识探究、实践的场所。这种教学模式对学生的学习具有重大的革命意义。同时慕课教学模式下多向式的互动改变了传统师生关系，维系了师生间“亦师亦友”的美好情谊。

对于慕课网络教学模式下的一系列新挑战，高校教师不能否定、回避和排斥，应该积极应对。一要提高自身学习能力和信息素养，适应时代发展的需要。高校教师应该高度关注慕课的发展进程和新的资讯，同时学习先进的网络信息技术，熟练运用新媒体，积极参与网络课程的录制等。二要提高教学能力。高校教师要适应慕课教学模式下的开放性课堂，对于课堂互动性的设置也要提供新的解决方案，转变教育观念，改变传统课堂教学方式，提高教学技能。三要提高科研能力。慕课教学模式下的课程是公开开放资源，只有优质的精品课程才可以达到大众认可，才可以在网络平台上受到欢迎和认可。高校教师必须提高科研实力，注重整个教学团队建设，不断提高丰富优质的教学资源并努力协作打造精品课堂以供慕课平台的检验。在当下，教师参与慕课革命志在必行，慕课网络课程优质资源离不开整个高校教师团队的协同推进，只有大家目标统一，共同协作，才会实现课程资源源源不断的优质供给。

3. 慕课对学校的影响

慕课的出现打破了高等教育垄断优质教学资源的局面。面对慕课网络平台的猛烈冲击，传统高校绝对不能回避，不能置之度外，必须高度重视并积极应对，主动参与，并将自身弱势转换为机遇，改革教育教学模式，实现高校优质教育资源共享。首先，各大高校必须要加强网络信息建设，主要针对的是硬件的信息化和人才自身信息化能力建设。高校应该推进建设数字化、智慧化校园等，打造校园慕课平台，推进自身优质教学资源的国际化宣传推广。高校间可以强强联手，一起构建高校共享联盟，将资源聚合，实现优质课程教学资源的开发和共享。其次，高校必须改革教学模式。慕课网络在线教学模式下的混合式教学模式、翻转课堂模式也都可以尝试，我国高校传统的大班授课的教学方式不仅枯燥，更是没有效果，学生缺乏思考和交流，更是没有课堂实践环节，这些都是弊端，必须改进。传统高校在授课中可以设置更多互动研讨的环节，借助新媒体技术来使知识慕课得到更加生动形象的表述，提高课堂教学实效性，为高校教育教学改革提供新的思考。

4. 慕课对整个高等教育的影响

除了学生、教师和学校，慕课还会对整个高等教育产生影响。不可否认，慕课对高等教育的影响巨大，它的出现可以改变现今传统教育的两个弊端：一是资源垄断，二是教学模式单一死板。慕课在线网络课堂的公开、免费获取给传统高校致命一击，因为在传统高等教育时代，普通人必须获得高校准许和缴纳学费才可以获得的课程资源，现今慕课平台全部免费呈现给学生，加之全球各国名校在慕课平台的入驻，更是博得广大学习爱好者的追捧。慕课的免费获取力证了高等教育的公平性，有利于实现全球各个国家、各国文化的交融、共享。同时，慕课有利于传统教学模式的变革，授课理念、授课方式都将发生重大改变，慕课模式下的混合教学模式将大大提升教学水平和教学质量。

## 三、慕课教学模式的优势

慕课教学模式所提供的教育资源对于受教者来说是完全开放的，所提供的学习机会是完全平等的。慕课教学模式不仅共享了免费而丰富质量的课程资源，又完成了教学过程的全程参与。受教育者在这个平台上认真学习、分享观点、讨论问题、完成作业、评估学习进程、参加考试、获得分数进而拿到证书，这是学习的一个全过程。

### （一）开放性

慕课教学模式的开放性主要表现在以下几个方面：

首先，慕课教学模式的开放性体现在对于受教育群体的全面开放，将“有教无类”这一思想真实地嵌入教学实践当中。在传统的教育模式中，文化差异、种族、地域、年龄等因素都可能成为学习壁垒或屏障，而在慕课教学模式下，这些人们学习的障碍都将被开放网络时代一一破除。

其次，开放性也意味着高质量的教学内容。教师将录制好的教学视频上传至慕课平台，并接受来自全社会、同行业和各种受教育者的检验和监督。

再次，慕课教学模式拥有更加开放的教学形式和学习形式。

最后，幕课教学模式的开放性究其根本在于教育理念的开放。

### （二）无时空限制

无时空限制作为慕课课程的基本特点之一，首先也就意味着教育的实施者和发起者可以将教学内容、课程与资源不受时间空间限制地上传至网络平台。随着网络信息技术的进步与革新，上传手段和内容方式也更加多样，更加迅捷，这将极大地有利于网络平台知识的适时更新。

其次，有利于破除学生的学习空间和时间阻碍。这也就意味着所有具备上网条件之人，皆可不受时空限制，依照自己的兴趣爱好和生活节奏开展学习活动，并及时得到学习反馈。这是一种充分利用在线双向交互特点，支持教育者受教育者之间无间隙在线学习与互动的教学模式，优于早期线上课程、远程教学及其他形式多媒体课程，改变了以往的网络课程都仅以单向提供资源的弊端。

最后，无时空限制还意味着通过网络，可以准确地了解学生的学习过程，从而在大数据分析的基础上，正确掌握学生的学习情况，跟踪其学习进程，探寻学习过程中所普遍存在的学习与认知规律。在慕课平台中心的构建过程中，通过数据资料的汇总，学生对不同知识点的反应将被放大和发现，那么这将有利于深入研究认知科学，归纳行为科学的教与学的规律，也有助于提高学生的学习质量与学习效率。

### （三）以学生为本

慕课教学模式首先在课程的组织方面，强调“Flipped Classroom”（翻转课堂），即将课内课外师生教学在时间上重新进行安排。在“Flipped Classroom”模式中，提倡让学生线上、线下，以自学或协作方式对教师预留内容进行学习，并针对学习疑虑提问，以此替代老式课外的时间让学生做作业的学习方式；课堂时间则以现在由教师引导学生互动讨论或进行问题答疑代替过去由教师讲授知识。从而将课堂中教师的主导权转移给学生，真正实现“学本位”的学习。

其次，慕课教学模式强调重组课程的内容。各学科专业领域的权威教育者可以将先行编制的多样化教学资料上传至慕课平台，这些资源设计之初未必相互关联，可以作为单独的学习单元，也可依照一定的目的、逻辑和意义进行排列组合，以此形成学习目标各异的学习单元集，从而实现课程资源的合理利用。

再次，慕课教学模式强调众包交互的课程学习方式。大量的学生在慕课平台下构成了共同解决线上未知问题的“群众”，他们在现实或虚拟社区中协同互助，展开学习讨论活动，共同解决问题。学生们以多种方式在慕课平台中进行互动，其收获也许远比在教室中的要多。而且，通过这种众包交互的课程学习方式，学习转化为一个高度个性化的主动建构过程，并会推动终身学习的普及。

最后，慕课教学模式也创新了课程评价方式。学生相互批改作业在统计意义上与教师批改作业的分数几近吻合，因而，在适当的管理下，学生互评在面对巨量的线上学生作业评阅需要时，将是一种非常有效的课程测评策略。同时随着网络技术的不断完善，以及数据的不断整合完善，慕课平台的程序编订也逐步满足编多种复杂程度不一的作业评阅需求。

### （四）高效率

“大数据”作为炙手可热的流行词汇在教育界也颇受关注。教育大数据成为趋势，学习数字化，合理应用教育数据，综合分析学习过程中的各项数据，并以此为据提供针对性强的学习建议和学习策略，在这一方面，慕课走在了前列。通过慕课教学模式，学生们将会在慕课平台产生有大量的学习数据，这些海量的资源为我们提供了海量的样本进行数据分析与挖掘，进一步探明学生的学习行为和规律，利用这些规律完善优化传统教育管理模式。

### （五）教育管理模式的创新

1.“管理”的创新

平台的管理层、决策层。新时期的创业团队在管理的基础上有更鲜明的活力，不仅要对当前的在线教育模式进行全方位的审视以及新的发展方向，积极寻求各方面的合作伙伴，构建强大的在线教育服务创新同盟。这与传统的教育机构封闭独立的运行模式截然不同，我国高校之间管理层的合作呈现一种谨小慎微的态度，在对慕课有了相对全面的分析之后，制定符合新时期科技创业型企业的运维模式。

团队组成模式的创新使平台的管理模式与传统高校大相径庭。机构不需要再负担制作过程产生的费用，高昂的视频制作成本、师资授课成本由专门的制作团队承担，不得不说，平台式的合作方式更适合于现在的创新创业模式，给管理机构更多空间，不管是商业模式还是非营利性的模式，广阔的空间意味着更强大的生命力。

2.“教”的创新

“教”已经不再是老师一个人的问题了，传统高等教育将教的过程交给了老师，由老师来负责所有的教学工作和管理工作，仅有助教可以承担一些跑腿的事情，比如收缴作业，比如监考，比如作业批改（而且作业的批改一般由更高水平的研究生负责，像是研究生批改本科生的作业）。在新的慕课时代，“教”是一个团队的共同合作，慕课平台的“教”包含了高质量的视频、在线的疑难点讲解、详细的学生学习成果评估等。教师本人仍然是这门课程的灵魂，但其精力可以完全放在教学内容上，而其他的工作，如学生的上课管理、教学设施的基本条件这些可以交给平台的信息系统自动完成，视频现场的录制、视觉效果的调整、后期的制作这类工作则由视频制作团队来完成。如果把一门课程比作电影拍摄，那么老师就是导演+演员，摄影、制作、整理、特效、化妆等部门全部由辅助人员来承担。

3. “学”的创新

学生的在线学习过程发生根本的转变，同样仅靠平台的信息系统就自己解决了注册、课程介绍、课程推荐、选课、测验的流程化功能，学生只要花几分钟的时间就可以开始免费体验世界顶级名校、顶级教授的精品课程。

学习时间地点的自由程度也是慕课方式受学生追捧的原因，对于在校学生来说，固定的上课时间、上课地点是一个理所当然的情景，但是对于大多数需要“充电”和培训的非在校学生来说，白天的时间会被工作或者琐事占用，不可能花大量的时间停留在固定的地方进行学习，可以自由地选择晚上或者周末空余时间。此外，移动互联网技术的应用也是增强学习自由度的重要改进，手机应用 App 的推出标志着慕课也进入移动互联时代，用户可以在手机上就观看教学视频和进行学习和练习巩固。由于一堂课的时间在 20 分钟左右，并且可以随时暂停，学生在任何地点利用白天的空余时间，比如乘车时、午间休息时进行学习。

4. “教”“学”“管理”创新的融合沟通

“教”“学”“管理”，这些要素在现实中并不是单独存在的，其相互影响，相互依存的关系是整个教育体系的基石。

慕课是前瞻性和补充性教学，在合理的监管体系下使用慕课，可以帮助学生拓宽视野，提高自学能力；慕课借助生动的表现手法，以视频、讨论的形式为课堂增加生动的元素，有助于激发学生的积极性与创造性；课堂教学本身相比过去已经发生了变化，其中技术运用方面逐渐跟上科技发展的节奏，信息技术和网络技术的普及，为课堂上的互动提供了设备和技术基础；“翻转课堂”“微课”是慕课时代的产物，其本身含义就是颠覆传统课堂“老师授课—学生听课”的模式。在这种授课模式的摸索中，老师发现更多的学生能够在课堂上发表自己的意见，课堂气氛更融洽热烈。这对锻炼学生的参与能力、提出问题解决问题的能力更有帮助；慕课的主体是学生，以人为本，以培养学生能力为中心开展课堂教育，是我国教育改革的重要思路。

“教”的质量可以反映教师团队的水平，使“学”能够获得更好的效果，学生愿意更努力地去“学”，而“学”的积极性，则会影响“教”的成就感和未来的发展，两者自古以来就是相辅相成的关系，而在网络时代，教师和学生是不会见面的，“管理”则为双方创造了更方便快捷的沟通渠道，留言频道、在线聊天、论坛等都是符合当前网络特性的交流方式。在实际的“管理”过程中，“教”应该相应管理的规则，提供的课程应该符合要求一直保持并不断提高自身的水准。大量的教学团队、更多的学生们加盟平台以后，会促进平台向更广阔的空间发展，直接的影响是增加课程的数量和用户数量，使平台的影响力、市值、规模迅速增长，也保持可持续健康发展的原动力。

5. 高度信息化

得益于高度信息化的管理流程，基于互联网的慕课体系相对高等教育的面授模式显得更生动而高效。工程师将新颖的人性化设计，灵活的功能融入平台中。用户的操作更加的简单，不需要太高的计算机技能就可以正常学习，同时不断地设计并加入新的功能，使学生的学习方法更科学，节约用户的时间和精力，同时他们保障平台的稳定运行，提高用户体验。更加智能化的是：大量耗费人力精力的统计、管理、分配工作已经可以由计算机信息系统来处理了，且这个过程是自动化和模式化的，不需要人工的干预，管理人员只需要制定规则和处理异常情况，例如，从学生的课程申请，到视频的播放、学习进度的管理、在线测验、阅卷、打分等都由信息系统来完成，这极大地解放了教学管理团队的人力资源，并且随着上课人数的增加，这个效果尤为明显。

## 四、慕课教学模式的创新举措

随着互联网高新技术的发展，网络对教育产生了重大的影响，网络技术大大改变了教育的传播内容、形式与效果，使得教育资源可以免费重复使用。慕课是研究网络在线教育的重要切入点，它兼具互联网特色和教育特性，在很大程度上可以揭示现今网络教育的发展层次，且作为新的教学模式，慕课平台的教学理念、教授方式、互评机制和运作模式都是研究网络在线教育良好的样本。

在数字环境下，通过传播模式这个角度来研究慕课是非常有意义的。该研究不仅能够促进慕课自身模式的创新与完善，解决数字时代、多媒体时代慕课发展过程中出现的新问题，更能从深层次上指导网络在线授课，为我国传统教育的改革和发展提供更为优化的方式，为在线教育模式的深入研究打下理论基础。另外，该课题的研究需要运用传播学、社会学和教育学三个学科的专业知识，跨学科的理论知识背景有利于提高研究者的理论水平。

慕课的发展非常迅速，作为一项崭新的尝试，慕课的教学模式、资源构建和运作模式均处于不断探索发展中，研究慕课对我国高等教育既是机遇又是挑战，它不仅显示了教育的公平性，更是大大提升了高校教育资源的使用效率，慕课对我国高等教育的改革创新具有重要的实践意义。

## （一）提高慕课教学质量

慕课平台如何提高教学质量的问题，现在还没有一个很好的解决策略。在课程的设置上可以生动逼真地创设情境，在教学方法寓教于乐，在学生知识建构中实现碎片化和系统性二者的结合，这样或许可以进一步提高慕课课堂的教学效果。

1. 情境设置生动逼真

传统课堂教学中的一些生硬表现形式在慕课在线网络课堂上可以得到改善，慕课教学可以利用网络技术实现多媒体教学，在平台各种教学教务系统的辅助下实现各种教学信息的快捷传输和展示。立体化动态化的表现形式更加形象逼真，可以使学生身临其境地去探索更多未知。同时，慕课教学实现了静态到动态的转变，在教学过程中可以运用软件将静态图像转换成动态来呈现，比如加入飘移、翻折、旋转、闪烁、缩放等手段，慕课这种生动逼真地创设情境的方法有助于培养学生的抽象思维，益于激发学生的学习兴趣和探究知识的欲望。

2. 教学方法寓教于乐

不同的授课内容应该采取不同的教学方法和教学形式，有的课程在内容上需要加入更多的交互环节，在教学方法上也应该多元多样。很多成功的慕课课程在教学方法上引入了类似网络游戏的通关模式，即一节课程被分为 8～15 分钟的微课堂，观看下一节微课的前提是必须顺利完成上节微课中提出的问题，成功答对的方可进入下一节微课继续学习，这种具有挑战意味的设置激发了学生的学习动力，通关问题的设置也增加了课程的趣味性，而学生在答对题目并顺利通关后也会获得成就感。慕课课程中内置游戏化环节是提升课堂效率的一种好的方法。

3. 知识建构实现碎片化和系统性二者的结合

在现今的网络时代，人们获取的知识的形式不再是完整的、系统的，而是零散的、分割的、不相关的。在慕课课程的讲授中是分章分节进行的碎片化知识点讲解，但是大多数的学科建构都是一个整体，具有严密逻辑体系，传统的大学教育也是在努力地构建我们系统性的知识构架。知识建构需要学生在吸收理解新知识的同时，结合原有认知结构，建立知识间的相互联系，不能单纯刻板地学习，需要批判性地接收新知，并加入自己的思考、分析，形成系统的知识大框架。所以，学生在面对海量碎片化知识的时候，可以采用“零存整取”式学习，即学生将汲取的零碎知识有意识地、灵活地整合起来，创造性地重新建构系统知识体系。在慕课网络课堂教学中，授课教师需要有意识地为学生梳理知识架构，深入浅出地揭示知识的形成过程，这样可以帮助学生形成对知识体系的梳理，形成完整的知识系统。另外，慕课在线网络教育平台作为教辅工具，应该发挥其技术优势，将平台中知识体系的构建及其与各类资源的关联，化抽象为具体，将微观知识结构宏观梳理呈现，帮助更多的学生来构建知识框架，也在一定程度上解决了学生碎片化学习和系统内容整合的问题。

4. 提高教师团队的网络素养

慕课网络教学质量的保证离不开优秀的教师团队，对于慕课线上授课教师的选拔需要重视起来，实施严格的教师选聘和服务制度。首先，授课教师须具有一定的教学组织能力和较强的责任心，须对网络传播特点有一定的了解，熟练运用新媒体，掌握利用教学设计原理制作网络多媒体课件的技能，具备在线教学、网络作业批改、实现在线交互以及利用电子通信工具进行教学等方面的技能。最重要的是教师的教学理念和教学技巧，他们必须具备引导、培养学生学习自主性、好奇心、想象力的能力，能够激发学生的积极性，分析问题、判断问题和解决问题的能力。

课前，授课教师制作多媒体课件，并熟练地设置更多交互式学习内容，使学生更乐于参与其中，发散思维，积极谈论。值得一提的是，提高教学课件的质量，单纯依靠教师是不够的，还需要将专业软件公司与教师相结合，这样才能制作出高质量的既体现教学思想又适合在线教育的教学软件。在授课过程中，教师讲授专业知识，介绍该知识点的发展脉络及形成过程，有效地组织学生的学习，解答学生疑问并针对相关话题开展小组讨论，同时教师也需要具备解决临时突发的网络技术问题的能力。在课后，教师需要针对课堂布置的作业开展课后在线研讨、疑难答疑、作业评价等辅助性工作。

### （二）完善评价监督系统

慕课平台的过程性评价即考核学生整个学习过程中的各个环节，包括课堂讨论、作业、课后测验等环节。总结性评价即在过程性评价基础上加之最后的结业考试成绩，给出做后的成绩判定。在评估模式上主要有机器评估和人工评估。机器评估即借助自动评分系统来测试学生成绩，试题也多为客观题，像单项、多项选择题，项目匹配题，填空题等。机器自动测评具有较高的效率，保证了大规模慕课学生学习机制的顺利进行，学生也可以在最短时间内获得测评结果，了解自己的学习成果，方便学生及时查漏补缺。但是机器没有主观意识，对试题的判定只能根据程序设定的唯一标准答案来进行，对一些主观题目无法进行正确判定，所以还需要人工评估系统。人工评估系统主要包括学生自评和同伴互评两种，即学生的课后作业及期末考试试卷由自己或同班同学来评定，授课教授会提供一系列的评分量化标准给评估者。学生自评和同伴互评机制可以激发学生的兴趣，大家都很迫切地想知道对于一道题目自己和别人理解的不同之处，同时同伴互评机制还大大地减轻了授课教师和教务管理人员的工作量。慕课平台在测试和评估上也有其他的环节设置，比如在课程录制过程中穿插一些即兴问答，加深学生对知识点的理解和掌握，如果学生回答正确，就会获得相应的得分。但是这些考核都忽略了一个最重要的问题，即诚信问题。由于网络授课，对于学生是否实实在在的答题无法给予考量，不排除替考、抄袭书本、网上搜寻答案等可能，所以现阶段的评价系统是不完善的，很多学者质疑慕课学生学分的真实性和慕课课程结课证书的公信力。

建立有效的评价体系是慕课正规化运营不可缺少的，即学生选课后不仅顺利完成学习任务、获得学分，还通过了结业考试可以获得证书。且证书的公信力得到认可的。基于此，我们必须采取智能化评价手段，即不单纯依靠作业成绩来判定，还有在学生上课、做作业、做小测验的过程中，须应用技术手段（指纹识别、视网膜识别、笔记追踪系统等技术）去识别学生是否为本人，保持评估模式的公正性。

### （三）增强网络学习的双向互动

慕课在线网络课堂的学习无法达到真正的双向互动，虽然有在线问答社区可以实现交流，但是与面对面双向互动的效果无法比拟，深入高效的学习是慕课平台问答社区无法达到的。慕课平台应该借助互联网技术手段来完善自身的双向互动。双向互动机制主要体现在两个方面：一个是线上互动；一个是线下交流会。线上互动主要是通过网络选课、作业提交、批改作业以及课程资料下载。学生在视频学习之前可以下载学习指南，获得课程学习资料，在学习过程中或是在一门课程学习之后的考核中遇到了问题，都可以通过电子邮件、微博、QQ、学习论坛以及电子公告板等社交工具向教师寻求帮助，从而解决问题。慕课的项目开发者正在尝试使用各种方法完善留言板的功能，尽力为学生提供更为便捷、自由的社区交流空间，例如，在大多数的课程中均建立在地理毗邻、语言相近、兴趣相仿等因素基础上的谈论空间，方便学生选择、并考虑加入。

现代的学生可以十分熟练地使用各种社交软件，通过社交平台来交流情感，沟通思想，甚至传递知识、沟通讨论观点。在线探讨系统是很有益处的，学生在回答老师的问题之前，可以获得整理思路、深思熟虑的机会，而且系统还会提供给每一位学生积极回应其他同学观点的平台，继而创造出学生之间相互交流与学习的宝贵机会。同时，在线讨论系统还会强化授课教师在课程中的执行与监控作用，使学生们的意见得到充分的展现。尤其一些在公众面前比较害羞腼腆的学生，在网络屏幕下一改不善言谈的性格，可以轻松无压力地表达自己的观点。

线下交流会可以弥补线上交流的一些弊端。若学生们在学习中存在许多线上仍然无法解决的问题，教学教务团队就可以组织线下交流会集中解决学生的疑惑，线下交流会是将网络虚拟社区发展为真实社区的模式，面对面的交流必将更加有益于知识的掌握，学生们在与教师近距离的咨询中也可以彻底解决疑难。这种线下交流会的形式不仅灵活，学生们也更加的熟悉，在友好的交流氛围中共同分享学习成果，这样的人际传播，双向互动效果更加明显。据说，有一种“现场办公”的视频系统在慕课课堂中大肆流行，广受欢迎，主要的功能是支持每周一次的班级例会，在这些会议中，各个课程的主讲者都会来到现场，针对一周以来在学生问答社区中探讨的焦点问题给予集中系统的解答，学生还可以在视频中与之交流。

### （四）完善信息化教学教务管理手段

丰富课程学习包，建立专业化教辅团队可以提高平台的管理效率。大多数的网络在线课程都会有一个学习包，包含课程材料、授课安排、课后测评内容、辅导答疑及学习包使用方法等。但是随着全球各个国家学生的加入，越来越多的学习需求呈现出来，现今的学生追求移动化、个性化的学习，对于课程资源的要求也越来越多样，慕课平台的教务系统需要丰富学习包，且对于现在已经提供的学习资源都实现移动化，支持学生在移动端的获取，方便学生使用。

建立专业化教辅团队，提供高效的信息化教学管理手段，使讲、授、评更加顺利。在慕课的发展初期，辅助教学团队大多由教师一人组织，整个团队缺乏统一管理和组织。在课程实施过程中，授课教师既要专注于课程内容本身，又要忙于各种协调事宜，很难保证课程的质量。而现如今随着慕课的飞速发展，慕课平台上的教学内容组织过程与教学实施过程发生了分离，在教学实施过程的辅助教学管理，如线下实践内容的组织、课程的引导与答疑等，则正在出现专业化的趋势。专业化的辅助教学团队可以帮助教师来完成课后的一系列学习检测和督促的工作，且现如今的教学管理的方式由原来的人工管理方式向智能化远程监管方式转变。基于大数据信息技术的数据记录和分析，加之学习内容管理和学习行为分析功能的学习管理系统，都可以对慕课在线教育平台的课程教学、学生学习行为、个性化的表现等记录、监管，实现智能化的教学教务管理。

## 第二节　高校英语翻转课堂教学模式

### 一、翻转课堂教学模式的理论依据

翻转课堂的出现，使掌握学习得以真正实现，借助信息技术的支持，个性化辅导更易实现。翻转课堂中，通过视频课程，学生真正能根据自身情况来自主安排和控制学习，观看视频的节奏全由自己掌握，掌握了的内容快进或跳过，没掌握的内容倒退并反复观看，也可停下来思考或做笔记。之后，课堂上的指导和互动更具针对性和人性化。

#### （一）布鲁姆的掌握学习理论

1. 掌握学习理论的定义

掌握学习理论由美国当代著名心理学家、教育家，芝加哥大学教育系教授本杰明·布鲁姆（Benjamin Bloom）提出。掌握学习理论是指只要学生所需的各种学习条件具备，任何学生都可以完全掌握教学过程中要求他们掌握的全部学习内容。布鲁姆指出：如果按规律有条不紊地进行教学，如果学生面临学习困难的时候而给予帮助，如果为学生提供了足够的时间以便掌握，如果对掌握规定了明确的标准，那么所有学生事实上都能够学得很好，大多数学生在学习能力、学习速度和进步的学习动机方面会变得十分相似。

布鲁姆的掌握学习理论是在卡罗尔学习理论的基础上发展而来。他吸收了卡罗尔提出的学习理论中的五个变量，进一步为掌握学习理论构建出模型，并在自己的教学实践中得到印证。这五种变量包括：学习时间、学习毅力、教学质量、理解教学的能力和能力倾向。这五种变量相互影响，最终影响学生的学习效果。

2. 掌握学习理论的核心思想

为掌握而教。“大多数学生能够掌握我们所教授的事物，教学的任务就是要找到使学生掌握所学学科的手段”，这就是为掌握而教的核心思想。作为教育者必须要改变传统的教育思想，树立新的学生观。勇于质疑传统的教学思想，改变传统的认为学生的学业成绩正态分布的思想。布鲁姆认为学生的学业成绩分布是完全可以改变的。

布鲁姆提倡的是一种新的学生观，相信学生在教师一定方法的引导下大多数学生可以学好专业知识和有更高学习动机的积极性。

3. 掌握学习理论的实施程序

掌握学习理论不仅是一种理论，一种思想，也是一种策略，它教我们怎样去实施。在掌握学习理论中，布鲁姆提出了教学评价的新概念："诊断性评价""形成性评价"与"总结性评价"。

在新学期开始时，一般要对学生的情况进行诊断性评价。诊断性评价是指教师在教学前对学生的实际情况予以评价，评价的目的不是为了给学生贴上标签，而是为了使自己的教学更加适合学生的需要，促进学生的学习。

在实际的教学过程中，需要对学生一个阶段的学习做出评价。形成性评价的目的是为了给教师与学生提供反馈。布鲁姆认为，掌握性学习策略的实质是：群体教学并辅之以每个学生所需要的频繁的反馈与个别化的矫正性帮助。反馈通常采用诊断性的形成性测试形式表明学生已经掌握了哪些任务以及还有哪些需要掌握。提供个别化的矫正性帮助能使每个学生领会他未领会的重点。从而调整教学过程，针对学生的实施掌握情况开展教学。布卢姆认为："学习单元宜包括约两周的学习活动或大约 8~10 小时的课内教学。在大学中，单元可只包括大约一周教学，而在更高级的学习水平上（学院与研究生或以上学校水平），单元则可长达三或四周的教学形成性测试的要点是使学习时间变得最多而使矫正时间变得最少。"

终结性评价是指在教学结束时所做的评价，目标是"为了给学生的评定成绩，或为学生做证明，或者是评定教学方案的有效"。评定学生一学期、一学年或者一个学习单元所掌握的程度，对学生的总体情况做出更为全面的评定。

三阶段的评价构成了一个循序渐进的教学过程，反馈与矫正贯穿在每个教学的环节。教师通过每个阶段的评价不断改进自己的教学，提高教学质量，在各个评价学习阶段针对为掌握者提供个别化的指导与帮助。学生通过每个阶段的评价发现自己存在的问题，弥补自己知识的不足，真正为自己的学习负责，成为学习的主人。在掌握学习进行过程中，未掌握学生不断减少，逐步达到每个学生都能掌握的目的。

### （二）学习风格理论

1. 学习风格的定义及影响因素

学生集中注意并试图掌握和记住困难的知识和技能时所表现出来的方式，包括学生对学习环境的选择、情绪，对集体的需要以及生理的需要。学生所采用的吸收、处理和储存新的信息，掌握新技能的方式，这种方式是自然的和习惯性的，不会因为教法或学习内容的不同而发生变化。

影响学习风格的因素包括环境类要素、情绪类要素、社会类要素、生理类要素和心理类要素五个方面对学生做出不同的划分。

根据学生如何获取信息和加工信息把学生分为四类：同化型、聚合型、发散型和顺应型。同化型和发散型学生通过抽象化观念思维获取信息，而聚合型和顺应型学生通过具体的经验获取信息。在加工信息方面，它们也表现出不同的方式：聚合型和顺应型学生通过积极的实验，而同化型和发散型学生通过观察与反应加工信息。因此只有在学生的学习风格与教师的教学风格相吻合的情况下，学生才更有可能在自己擅长的领域有所突破。

不同的学生有不同的学习风格。学生所处的社会环境、家庭环境、学习环境、社区环境等这些外部因素以及性格特征、认知特点、个人的观念等内部特征都会影响到学生学习风格。正是这些复杂的因素导致了学生不同的学习风格。

2. 学习风格理论的分类

学习风格理论主要包括感知学习理论和认知风格理论。

感知学习理论把学生分为视觉型的学生、听觉型的学生和触觉型的学生。视觉型学生主要通过观看图片、电影等视觉性材料来学习，阅读和直接的视觉刺激可以给他们带来更好的学习效果；听觉型学生主要通过听和说的方式进行学习，他们喜欢讨论会和小组研讨的学习方式，他们在课堂上提问和回答问题积极踊跃；触觉型学生更喜欢亲身体验来学习，不喜欢一直“静坐”的学习方式，他们的动手能力很强，喜欢角色扮演与游戏等活动。

认知型学习理论根据个体受环境影响的程度把学生分为：场依存型学习风格与场独立型学习风格。场依存型的学生很难将自己同周围的环境分开，乐于与伙伴进行协作活动；场独立型学生善于从整体中分出各个要素，不容易受环境的影响和外界的干扰。

学习风格理论告诉我们：不同的学生具有不同的学习风格。然而不幸的是学生并不能根据教师的教学风格来选择适合自己的学习风格。教师也不可能被期望改变自己来适应所有的学生。因此，有着多种教学风格的课堂才更可能增加学生的表现。

3. 学习金字塔理论

课堂中采用的不同的学习方法可以导致不同的学习效果；我们的课堂教学应该要根据不同教学内容的具体形式采用不同的学习方式；仅仅靠教师在讲台上讲解和学生在教室里

听的这种方式效果最差，反之，应该鼓励学生多动手实践和亲身体验，让学生实实在在参加到小组学习活动中，这才是一种高效的学习方式。

4. 人本主义学习理论

人本主义的学习理论以人本主义心理学的基本理论为基础，强调学生个体的尊严和价值，强调“无条件积极关注”在个体成长过程中的重要作用，认为教育的目标就是要实现学生的整体发展，教学过程就是要促进学生的个性发展的过程，教育不是泯灭学生的本性，而是要培养学生学习的积极性与主动性。

人本主义者以学生为中心，反对传统的向学生进行的灌输式的无意义学习，强调学生所学内容对学生本身的实际教育意义。人人都有学习的潜能，并具备自我实现的动机，教师必须利用学习先天的内驱力进行意义学习，而不应该逼迫学生去学习那些对他们缺少意义的学习材料，教材有意义且符合学生的目的才能使学生积极投入学习的过程中。学生的自主、自发、全心投入的学习才会真正产生良好的学习效果。在教学过程中，教师应尊重学生的个人经验，帮助学生理解教学内容对个人的意义，以使他们适应不断发展的社会。教师以完整的人格、整体性的精神，参与到学生精神世界的建构之中。教育的力量真正地作用到学生精神的整体发展上，有助于完整的发展。

## 二、翻转课堂教学模式优点

翻转课堂教学模式改变了教学方式。教师在课堂上不再是站在学生的前面跟学生不休止地讲解 30~40 分钟。这种激进的改变让我们以不同的角色定位教师与学生之间的关系。从以下四个方面论述翻转课堂教学模式的优点。这也是为什么要实施翻转课堂教学模式的原因。

### （一）教师方面

①增加老师与学生之间的交流，让老师更好地了解自己的学生。随着网络技术的发展，远程教育有了快速的发展。在远程教育快速发展下，有些人提出了学校的“消亡论”。然而这种论断忽视了教师与学生之间的交流对学生成长的意义。

②有利于教师的职业发展。通过观看其他教师制作的微视频知道自己的同事如何教授一个概念，为各自的教学提供一个被了解与改进的窗口。有网络提供的开放性的窗口让“拜访”每个教师的课堂成为可能。然而这对于充满繁忙的教学生活是不可能做到的。

③改变了教师在课堂中的角色。在传统课堂里，教师是讲台上的“圣人”。在翻转课

堂教学模式下，教师走下讲台，更多时间用在帮助学生、领导小组解决问题、与理解有困难的学生一道解决问题。此时，教师是一个“教练”，引领者学生行进在学习的路上。教师有更多的机会鼓励学生，告知他们：他们所做的什么是正确的，解除他们的迷惑。

## （二）学生方面

1. 翻转课堂道出了学生的心声

现今的社会，网络时刻伴随着学生的成长，微博、QQ 以及其他的数字资源。由于学校禁止学生带这些电子设备进入课堂，当学生在学校的时候，必须把自己的电子设备关闭。然而学生还是会把自己的手机、iPad 等偷偷装在口袋里带进教室。在信息化时代，我们应该顺应时代的潮流，接受数字文化，包容数字化学习，让它们为我们学生的学习服务。在翻转课堂里，学生被鼓励带自己的电子设备，一起合作学习，与老师进行互动。这样的课堂更激发出无限的活力。

2. 教会学生对自己的学习负责

在翻转课堂教学模式下，学习的责任放在了学生的身上。为了成功，学生必须对自己的学习承担起责任。学习不再是对自己自由的一种负担，而是不被束缚和不断探索的挑战。教师放弃对学生学习过程的控制权，学生掌控自己的学习。与此同时教会学生学习的价值并不是进入学校学习仅仅只是拿到分数和老师的评分。翻转课堂促使学生去学习而不是去记忆，让学生成为真正的学生。

3. 翻转课堂帮助繁忙的学生和学习困难的学生

在翻转课堂式教学模式下，繁忙的学生不用担心自己因为要去参加学校的竞赛等活动而落下自己的课程学习。因为主要的课程已经在线传到网络上。现在学困生是让老师、学校很头疼的事情。在课堂上，能够引起老师极大关注的往往是那些学习成绩优异或者性格开朗的学生。对于那些在课堂上保持沉默的学生，老师自然关注度比较低。在传统的课堂教学中，老师无论是对学习能力强的还是对学习有困难的学生都是以统一的步调讲解知识。对于学习存在困难的学生来说，在他们还没有理解清楚这个概念的时候，老师已经讲到下一个知识点，这种疑惑越积越多，到最后这些学生的积极性和自信心越来越受挫，导致他们不再想学习，学困生就是这样产生的。翻转课堂可以为学生提供弥补的机会。

4. 学生可以自定步调学习

在传统的课堂里，老师授课，学生在课堂里只是作为“静听者”。作为教育者，我们有特定的课程需要呈现在课堂上。学生被期望以一种给定的框架学习知识体系，老师很大部分希望自己的学生能够理解在课堂上所呈现的知识。然而甚至是最好的演讲者或者呈现着仍然有落后或者不理解必须要理解的内容的学生。当我们翻转我们的课堂时，我们给予学生远程控制的权力。学生可以根据自己的理解程度适时按下“暂停键”。

5. 增加了与老师个性化的接触时间

在传统课堂里，由于教师是讲台上的“圣人”，学生与老师的接触仅限于课堂中少有的互动环节。在翻转课堂里，学生在自由讨论环节，教师在教室里巡视，可以针对学生的具体疑问进行解答。这样的课堂增加了学生与老师之间的互动时间和交流，老师对学生的学习情况将有进一步的了解。

### （三）课堂教学方面

第一，课堂时间被重新分配，得到高效地和创造性地利用。在传统课堂里，课堂大部分时间被教师用来讲授，真正用来与学生交流的时间仅仅限于课堂的有限时间中。在翻转课堂教学模式下，教师用更多的时间教学和促进学生学习而不是站在讲台上说教。学生在交流中、在做中学。当学生在家遇到学习困难的时候不再感到无助，教师可以利用课堂时间与学生进行有意义的交流，观察、引导和帮助学生。

第二，翻转课堂教学模式让课堂动手操作活动更深入。动手操作活动帮助学生以另一种方式学习。这在科学课程中尤为明显。学生在相关课程里不能仅仅学习理论性的知识，他们必须通过实验才能完成深度的学习。当学生进行实验操作的时候，他们正是在实验过程中、在体验中建构科学理论知识。

### （四）家长方面

翻转课堂也为家长了解学生的课程学习提供一个可视化的窗口。大部分家长也许随着时间的推移已忘记之前自己做学生时的相关知识。当孩子问自己所遇到的难题时，家长会感到很沮丧。他们感谢学校里的教师在课堂上对学生的疑问进行解疑。此外，在翻转课堂教学模式里，家长可以与自己的孩子一起观看教学微视频，与孩子一起学习，更新自己的知识。这种交流方式在某种程度上有利于家长与孩子之间的情感沟通。同时，家长可以随时了解到孩子学习的进程，关注到孩子的学习的进步，了解到孩子在学校的表现等。

因此，无论从学生、教师、课堂教学还是从家长方面，认为翻转课堂教学模式在一定程度上克服了传统教学模式的弊端，有利于实现学生的真正的发展。

## 三、对翻转课堂教学模式的思考与建议

### （一）对翻转课堂教学模式背后理念的剖析

1. 翻转课堂彰显了学生主体性原则

教育中首要关注的是人的问题。学生是现实社会中的人，是发展中的人，是有独立人格的人。活动是人的存在方式，“活动教学论从生存论的角度，倡导以主动学习为基本的习得方式，让课堂焕发生命的活力，主张以主动探索的发现和解决问题的方式掌握人类长期积累起来的关于自然和社会的系统知识”。教学活动应该是师生之间互动的共同的活动，是“主—客—主”的模式。

在传统课堂里，学生以“静坐”的方式接受知识，一切活动都由教师一手“操办”，学生接受。学生成为被学校和教师“塑造”的对象，成了考试的对象。没有通过学生自己活动的学习方式必然不会与学生发生真正的生命际遇。在翻转课堂教学模式下，学生在观看教学视频过程中可以根据自己的实际掌握情况进行学习。无论是课前学生视频的观看还是课堂中学生的协作活动，不同的活动使学生获得了自己建构知识的过程。学生成为自己学习的主人，学生的主体意识得以展现和增强。

2. 翻转课堂体现了课堂交往性原则

教学不是作为知识的权威者的教师引导被教育者的过程，不是对学生的改造和塑造的过程，而是师生、生生之间思想的对话、意识的生成过程。在此过程中，学生才是独立人格的个体，才是真正的“人”。在教学的过程中，只有教师与学生实现真正的对话，学生独立的人格才会显现。

人作为社会发展到一定阶段的产物，交往是人的本性。传统课堂里，学生与教师的交往是不对等的。在翻转课堂里，教师成为学生真正的“导师”，引导学生进行深度的学习和交流。教师不是知识的权威者，而是学生学习的“引导者”。在翻转课堂里，在学生遇到问题的时候，教师给予及时的帮助。

课堂中不同的活动方式，譬如小组讨论等协作活动，学生在这种交往中展现了自己的思想和价值。无论是教师与学生之间的交往还是学生与学生之间的交往都使学生在交往中实现对知识的掌握和内化。

3. 翻转课堂体现了公平性原则

在这里公平是指在课堂中学生与学生受到平等对待的权利。公平即合理地处理事情，

不偏袒一方。

班级授课制在一定程度上可以保证学生在固定的场所接受相同的教育。然而由于学生资质的不同、理解水平的差异，学生对知识的掌握和理解呈现不一样的程度。再者，由于教师自身的特点表现出对每个学生的关注度也不一样。在大班制教学模式下，越来越多的学生出现厌学的情况。如何对存在学习困难的学生提供及时和适时的辅导在翻转课堂里找到了出路。

在翻转课堂教学模式下，教师制作的视频学生可以根据的自己的情况学习。对于学习理解慢的学生来说，他们可以反复学习直到理解为止。课堂上不同的活动可以使学生拥有平等的表达思想的权利，小组间学生的交流及遇到问题及时向教师请教等都给予了学习存在困难的学生一个展示自我的平台。当他们证明了自己的能力，由自身而发的自信心得到增强，自我成就感不断增强。

4. 翻转课堂让课堂真正的“对话”成为可能

建构主义认为，学习是知识的建构，知识需要与学生发生真正的相遇才能成为学生自己的知识，它强调师生平等的对话。对话的实质是双方的内心世界的敞开，是对对方真诚的倾听和接纳，在相互接受与倾吐的过程中实现精神的相遇、相通。师生之间要发生真正的交往需要的是一种民主、平等、和谐的环境。在民主、平等的条件下，师生双方、学生之间才能彼此打开心扉，相互接受，达到思想上的共鸣。若在课堂上教师采用强制、命令等方式要求学生，学生则被迫接受。长久以来学生变得在课堂上沉默，不敢表达自己的观点。在传统课堂里，教师与学生的交往局限在教师的提问与学生的问答，无法实现真正的对话。

在翻转课堂里，由于学生已在课前完成知识的学习，学生回到课堂里不再是毫无准备的状态，课堂也不再是教师站在讲台上居高临下对下面学生的“布道”，之前课堂上少有的课堂互动在翻转课堂里得以实现。学生之间也存在差异性，正是这种差异性才使对话变得更有价值。在对话中，学生之间可以获得丰富的资源，有利于学生思维能力的发展。

5. 翻转课堂使知识的深度教学变成现实

哲学认识论把知识当成外在于学生的成长历程的事实性知识，知识并未与学生发生真正的“相遇”。长久以来，我们都是在“教”知识，知识只是事物的符号表征，学生记住这些既定的、确定性的知识。把知识作为一个可以接受的直接结果来教的教学势必影响知识教学的价值与意义。知识从内在结构上由符号表征、逻辑形式和知识的意义三个部分组成。符号是知识的外在存在形式，逻辑形式是知识的认识论系统，意义则是知识的核心部分。知识的意义是内隐在符号的价值系统，三者密切不可分割。传统的知识教学只是停留在知识符号表征上的教学，真正让教学有价值是要使知识的教学到达知识的逻辑意义，进而向知识的意义的教学。

知识的深度的教学即追求知识符号表征、知识的逻辑形式和知识意义三者的有机统一。在翻转课堂教学模式下，知识的学习通过微视频来进行，在课前知识学习阶段完成知识的符号表征的学习及一定程度上的知识逻辑意义的学习。课堂上教师组织的不同学习活动让学生在民主、平等的课堂环境里，通过小组合作、个人展示等实现知识的内化，进而达到知识的深度化学习。

### （二）对我国实施翻转课堂教学模式的建议

1. 认清我国教育实情

面对翻转课堂教学模式，我们不应该全盘效仿，不应该盲目地以“拿来主义”的态度对待。我们所要做的是结合一线教师和教育学专家、学者和教育技术专家的智慧，将技术与课程从整合的阶段上升到融合的程度，学习到翻转课堂教学模式的精髓，探求其背后的理念，结合我国课堂教学的实际，探索出适合在我国实施的课堂教学模式，以适应中国的新课程改革，真正实现学生的个性化发展，发展学生的综合素质。倘若一味追求新的东西，简单地把翻转课堂看作是制作微视频，课前让学生先学习等，势必缺乏理性的头脑。

2. 改变传统教育理念

教育应该以育人为本，重视人的自我发展和完善的需要，把人的发展本能本身作为目的和核心。在中国，传统的教育理念在当今的大学中依然存在。教师是知识的传播者和知识的占有者，教师可以靠自己的一张嘴、一本书和一支粉笔打天下。教师单向向学生灌输知识，学生消极被动地接受知识，犹如仓库一般储存知识和积累知识。学生以“唯师是从”，在课堂上不敢表达自己的不同的看法，长久以来学生的思维被束缚。在这种旧教育观念的桎梏下，学生只是分数和书本的奴隶，个性很难充分舒展。这样培养出来的学生“千人一面”。在 21 世纪的今天，国家的发展离不开具有开创性、有独立思维、有变通性的接班人。如果没有坚定的改革信念作为支撑，教师通常是不愿意“革”自己的命的。

面对翻转课堂这一新的术语，其背后的理念并不是新的，它就是我们教育界一直所探寻的追求学生个性化的发展。翻转课堂教学模式给予中国教育最深处的思考应该在于：翻转课堂教学模式为学生提供了个性化的学习环境。翻转课堂“翻转”的不仅是课堂教学结构，更应该是教学理念和思想的翻转。关注学生的个体发展，关注学生个性化的需求，满足学生不同的发展需要。这一理念与我国的新课程改革的理念不谋而合。我国的新课程改革以“一切为了每一位学生的发展”为指导思想，认为学生是教育的本体，关注学生健全人格的养成。教育部门、学校和教师都必须要转变传统的教育理念，树立新的学生观和教学观，从根源上转变原有的教育理念，真正做到“以生为本”。观念决定行为。有什么样的教育观念，就会有什么样的教育行为。实施翻转课堂，需要打破自己和教育环境之间原有的一种平衡状态，让自己处于一个崭新的、未定的环境之中。这需要教育部门、学校和教师有坚定变革教育的信念。

3. 提升教师专业能力

翻转课堂对教师的综合素质提出更高的要求。翻转课堂能否被高效地应用到我们的教学中，教师占据着重要的角色。在翻转课堂实施过程中，教师需要录制教学视频和组织课堂教学活动，这些对翻转课堂的成功实施都有着重大的影响。

4. 转变传统评价方式

翻转课堂教学模式的评价是贯穿到课堂教学的始末。传统的纸笔测验无法测试出学生在翻转课堂教学中的全部的学习效果，翻转课堂还涉及学生的合作能力、组织能力、学生对个人时间的管理能力、表达能力等。

# 第七章　高校英语教学模式的创新与发展

## 第一节　ESP 框架下高校英语教学模式的创新与发展

### 一、中国情境下高校 ESP 课程二阶段课程模式

中国情境下的高校 ESP（专门用途英语）课程主要分为以下两个阶段：第一，初级阶段；第二，高级阶段。

#### （一）初级阶段

以宽基础专业知识作为载体的高校 ESP 基础课程即属于初级阶段的 ESP 课程，要求教师花两个学期的时间将专业知识教授给学生，在课程全部结束之后，学生还需要参加全国统一的高校 ESP 基础能力达标考试。考试合格的学生就可以直接进入高级阶段高校 ESP 课程的学习，而考试不合格的学生就必须要等待下次的考试，直到考试合格为止。

#### （二）高级阶段

以窄基础专业知识作为载体的高校 ESP 基础课程即属于高级阶段的 ESP 课程，它也被称为高阶高校 ESP 课程，学生根据自己的专业，选择好相对应的课程之后，同样是由教师授课，并在两个学期之内修完。到了第四个学期，学生可以根据自己的学习情况参加全国性的专门用途英语技能测试，该测试主要有 A/B/C 三个级别，学生可以通过这个测试来证明自己在专业领域内的语言能力。

### 二、高校 ESP 课程构建

#### （一）高校 ESP 课程建构理论

学科课程是高校 ESP 的主要存在形态，它主要是通过组织学科教育内容，从而使学科

教育的目标得以实现。如何处理好课程中语言、教育学和内容这三者之间的关系是高校ESP的一个关键问题。这三者之中哪一个更加重要？通过哪种方式才能将它们整合起来？

由于语言是服务于一定的社会生活情境的，所以在整合建构高校ESP课程时，也必然会受到社会因素的影响。下面就根据这三方面理论，对高校ESP课程的建构进行探讨和研究。

1. 行为主义学习观

行为主义学习观主要包括以下几方面：①人们在外界条件的作用下会逐渐形成语言，对于语言的学习属于一种特殊的脑力活动，可以说，语言是一种习惯。②在语言学习的过程中，外部刺激是语言行为和习惯发生变化的主要因素，与内在因素没有太大的关系。③学生的学习是被动的，是他们因受到外界环境刺激而做出的反应引起的行为变化。换句话说，学习的产生就是刺激与刺激、刺激与反应之间的联结。④对学习的结果非常重视，而对学生的内心活动比较忽视。

行为主义更多的是去关注一些实际行动，并尝试对一些可以观察到和预测到的简单行为进行解释，对于那些影响有机体和可能引起行为的条件（也就是反应与刺激以及行为本身）比较关心。对于一些具有行为主义取向的研究者来说，他们更多的是渴望对刺激与反应之间的关系规律进行揭示。教学的中心应该是教师，他们对教师在组织和传递知识以及控制学习情境等一些重要方面所体现出的作用进行了强调。

行为主义学习观还对课程的意义和学生态度的重要性进行了特别的强调。在建立高校ESP课程之前，必须有较为明确的目标，只有这样才能让学生了解自己的学习需求，才能让他们明白课程的意义，才能提高他们的学习积极性，从而使课程效果得到保证。

2. 认知主义学习观

认知主义心理学家对学生的心理结构给予了很大的关注，所谓学生的心理结构，既包括了学生之前的相关知识，也包括了他们可能会用到的学习策略。在认知心理学的影响之下，语言教学的中心逐渐转移到了学生以及他们的相关需求上，并且在课程设计中还充分考虑到了个体学习风格的差异。设计出能够让学生体验各种认知活动的任务，是课程规划和教材开发的重中之重。

在高校ESP课程的设计中，学生是处在第一位的，在对课程的各个阶段进行组织的过程中，设计者特意会根据学生知识水平的不同设计出难易程度不同的语言任务，并排序，此外，还会编排每期的课程。在选择课程内容时，还必须根据学科知识的难易程度和层次进行安排。例如，在大学初级阶段，可以将宽基础学科知识作为高校ESP课程的载体，学生在宽基础学科的基础上形成一定的语言能力后，再选择专业化程度较高的语篇。

在教学过程中，对于问题型任务的完成常常会用到认知主义学习观。在 ESP 教学中，一些与学生的专业知识联系紧密的活动，往往会被编排一些问题型任务来进行练习。对于行为主义中一些不容易解释的理论和问题，可以用认知派的学习观点来进行解答。该观点认为，学生在学习的过程中应处于中心地位，因为他们有自己的思想，只有在学生认为学习资料对自己来说存在意义的前提下，他们才愿意积极主动地去学习。可以说，认知主义学习观拓宽了探讨学习过程的视野，丰富了课堂教学的理论与实践。

3. 人本主义学习观

由于以学生为中心，将学生作为学习的主体是高校 ESP 课程的一大特点，所以，对学生来说，心理因素的研究便成了对学习主体研究的重要内容之一。学生主要有以下两种心理因素：第一，由感知、记忆、想象、思维等要素组成的认知因素，也被称为智力因素；第二，由动机、兴趣、情感、意志等要素组成的情感因素，也被称为非智力因素。其中，在人们认识和创造活动的过程中起到动力、维持以及强化等作用的当属非智力因素，这一因素甚至直接决定着活动的效率和成败。

人本主义学习观是推动高校 ESP 教学的一项重要手段，这一手段能够帮助学生消除情感障碍，使他们在学习的过程中始终保持良好的心理状态，同时也能创造适宜的学习环境和氛围，从而使学生的学习潜能得到充分的发挥，具备高校 ESP 语言学习能力，提高专业英语水平。

人本主义心理学家对于人的个性和独特性以及人们的情感发展是非常关注的，他们对于能够解释人类反应的一般规律和信息加工或刺激反应并不是很关心。在构建高校 ESP 课程的过程中，人本主义的语言学习观在宏观上提供了一些指导，在目标上表现为以下几方面：

①如果从学生的角度来看的话，则更多的是强调沟通的意义。对于使用真实的文本和交际型的任务来说，并不是事先就已经确定好的，而是必须通过协商之后再得出结果。

②学生作为课程的中心，必须要将对他们的尊重给予足够的重视。

③把学习看作自我实现的一种体验，要知道，学习在决策过程中拥有的话语权是非常大的。

④将其他的学生看成支持群体，并且在这个群体中，大家要互相帮助、互相交流、互相评价。

⑤教师作为课程的促进者，关注点应该放在课堂氛围上，而不应该是如何照本宣科。教师们要清楚地知道，不管是教学大纲还是教学资料都是为学生的相关需求而服务的。

⑥在课程的早期阶段，学生的第一语言会在课堂中起到非常大的作用，即使到了之后的阶段，第一语言也会起到一定的作用。并且，学生在尝试对目标语进行理解的过程中，很有可能还会需要第一语言的帮助。

如果是从教育心理学的角度来看的话，我们会发现情感因素和认知因素是相互依存、密不可分的。可以说，学生学习 ESP 的过程，就是这两种因素相互作用和同步的过程。

## （二）高校 ESP 课程建构的方法技术

### 1. 高校 ESP 课程开发可选方法

（1）以语言为中心的方法

以语言为中心的教学大纲是以语言为基础的教学大纲，它考虑了更多的语言形式和语言功能。语言形式的大纲，包括根据困难程度和等级组织的语言项目。对于许多 ESP 课程的设计者来说，虽然以语言为中心的教学大纲不是他们目前能接受的模式，但不可否认的是，这种大纲所具有的影响力还是非常大的。与语言形式大纲相比，功能意念式大纲仍然被认为是高校 ESP 课程的一个样本。

教授专业学科知识是高校 ESP 课程的目标之一，因此，当以语言为中心的课程开发方法应用于高校 ESP 课程开发时，另一个重要的考虑因素就是如何很好地整合语言和学科内容。在基于语言的教学大纲中，通常是通过明确 ESP 的各种情况和话题来整合语言。大多数高校 ESP 课程内容的组织手段（或载体）都是使用专业学科的内容，其目的就是提高学生的学习动机，同时它也作为基础，使语言形式和语言功能型大纲更加贴近真实生活大纲。

从整体上来看，以语言为中心的方法属于一种直线型的方法，它的各个步骤都具有非常明显的先后顺序，操作起来也非常简单。但是，这些看起来逻辑性强且较为直接的优点也直接将它的缺点突显了出来。一直以来，以语言为中心的方法都在尝试着把对于目标情境的分析和 ESP 课程的内容联系起来，但在学生看来，它只是用来明确目标情境的手段罢了。

从课程开发的流程来看，以语言为中心的方法是一个静态且固定的过程，在反馈和修改等机制的设定方面还是比较匮乏的。在分析完初始的情境之后，就已经将课程设计者固定住了，因此也拒绝了所有其他能够对课程造成影响的因素。这种在分析完目标情境语言特征后建立起来的大纲并未给予学习因素足够的重视，而是将重心放在受限领域的语言形式和功能上，这就使得 ESP 学生在目标情境中完成特定任务所需的整个语言技能的培养作用十分有限。

（2）以技能为中心的方法

所谓的以技能为中心，指的就是以语言技能为中心。这是对基于 ESP 的英语专用语域概念的一种回应，同时也是对有限的时间和资源以及学习中实际限制的回应。从本质上来看，它认为 ESP 课程有助于学生发展技能和策略，这些技能和策略将在 ESP 课程之后继续发展。其目的是让学生能够更好地处理信息，而不是提供一个语言知识指定的语料库。

对于 ESP 学生来说，有一些非常重要的阅读技能和策略，具体如下：在理解一些新知识时，要善于利用原有知识；对课文的结构进行了解；通过跳读的方式来熟悉文章的大意；通过扫读的方式来定位一些特定的信息；对信息的重要程度进行区分；要有目的地进行阅读；对客观事实和个人观点进行区分。

虽然以技能为中心的方法对学生考虑得相对要多一些，但它依然使 ESP 过度地依赖情境，将学生放到一边。所以在设计高校 ESP 课程时，对于子大纲来说，可以完全采用这种方法，但是对于整体的设计来说，则不应该完全采用这种方法。

（3）以学习为中心的方法

以学习为中心的方法的实施过程是比较封闭和完整的，在这个过程中没有任何因素可以完全影响课程内容的决策。在这个过程中，课程大纲、教材、教学方法和评估均会受到 ESP 学习情境和目标情境的影响。除此以外，通过评估反馈，各要素之间也会相互影响，由此可见，课程设计是一个多方协调的动态过程。课程能在内置评估的影响下通过反馈，根据情境的变化做出调整。

如果是以学习为中心的方法来开发高校 ESP 课程，就需要制定一个较为全面的大纲，这时就必须有语言学家、教师、教育心理学家、学科专家的共同参与，这将是一个完整而复杂的过程，并且还需要进行不断的维护。采用这种方法开发高校 ESP 综合课程，是建立、完善和发展整个课程体系的最科学的方法。但是，在设计课程体系中目标不同的子程序时，最好是采用以语言为中心和以技能为中心等既省时又省力的方法。

由于大学初级阶段的 ESP 课程是一门宽基础课程，专业化程度不高，所以在进行以综合能力培养为中心的整体课程设计时，可以考虑采取以学习为中心的方法。但像学习阅读课程等高级阶段的 ESP 课程，在设计时则可以直接采用以技能为中心的方法，这是因为在通过了初级 ESP 学习之后，学生就已经具备了基本的语言技能，所以在进行高级阶段的学习时，不必专门去设计阅读技能，这就使得课程更直接、更高效。

使学生能够完成任务的能力的本质是以学习为中心的方法最为关注的，课程开发者关心的不是能力本身，而是怎样让学生具备这些能力。所以在课程开发的过程中，随时都关注到了学生。

通过对以上三种高校 ESP 课程开发的可选方法进行探讨，主要目的就是设计出更高效的高校 ESP 课程。以上三种课程设计方法对学生的考虑程度的详细比较如下所示：

①以语言为中心的课程设计。这种设计方法对学生是最不重视的，对学生的了解和分析不够深入，并且完全是根据对目标情境的分析来确定学生所学课程的内容。

②以技能为中心的课程设计。这种设计方法对情境分析过于依赖，虽然表面上是将重点放在了学生身上，但却并未完全考虑到学生，学生只是被用于对目标情境进行确定分析。

③以学习为中心的课程设计。这种设计方法不管是在任何阶段都充分考虑到了学生。

2. 高校 ESP 课程需求分析

ESP 各上要阶段的基础即为需求分析。之所以要进行需求分析，主要是因为它能够提供更名与学生和教育环境相关的信息。

要想做好需求分析，就必须做到全方位、多角度，也就是说，不仅要了解适合各类学生的最有效的学习方法和学习途径，同时还应对目标情景和学习环境进行较为充分的了解。只有这样才能称得上是科学、全面、有效的需求分析，才能为高校 ESP 课程设计奠定坚实的基础。

（1）分析的四个层次

只有先明确了学生学习这门语言的目的，然后再进一步了解这门语言的母语者为了实现这一目的所涉及的一系列交际行为，才能准确地知道学生的需求。换句话说，就是将流利地使用目标语言者的交际行为看成是确立学生学习这门语言需求的衡量方法。我们可以从全局、修辞、语法—修辞、语法这四个层次来进行更为具体的分析。

对于课程内容方面，可以多听取一些学科领域方面专家的建议，因为他们所提供的信息往往都是非常有价值的。此外，通过分析目标语境语篇，也能够获得一些语言方面的信息。所以，在课程开发的过程中，要想使语言课程需求分析成功进行，就必须联合学科领域专家与语言专家才可以。

（2）分析的参考框架

从高校 ESP 课程需求分析模型中，我们可以看出以下八个方面的需求信息，各个方面的界定如下所示：①专业信息。学生将要使用英语进行的任务和活动，也就是目标情境的客观要求。②个人信息。对学生学习方法产生影响的诸如学习经历、文化水平、学习原因、学习目的、学习态度等个人信息。③语言信息。学生已经掌握的英语语言知识和技能。④欠缺信息。指的是目标情境的客观要求与学生已经掌握的英语语言知识和技能之间存在的差距。⑤学习信息。即学习需要，主要是指语言学习过程中用到的有效方法和技巧。⑥目标情境交际策略。语言、语篇以及体裁的分析决定着如何将所学语言应用到目标情境当中。⑦课程对学生的要求。⑧环境情境。主要是指与课堂文化、ESP 学生、高校英语教师个人情况等有关的课程环境信息。

### （三）大学 EPS 教材编写

1. 编写原则

大学 EPS 教材的编写原则主要包括以下五方面：①对教学计划进行整体优化的原则。也就是先明确该课程在整个教学计划中的地位和任务之后，再进行教学大纲的制定。这是因为不管是哪门课程，在教学计划当中都是非常重要的，所以制定的教学大纲除了能够保证每门课程在内容上具有衔接性以外，还要最大限度地避免内容上的重复和遗漏。②学科体系科学严谨的原则。在编制教学大纲时，要以本学科严谨的科学体系为基础，同时还必须要与本学科体系的内在逻辑结构相符。③科学性与思想性结合、理论结合实际的原则。就是要处理好学科内部的科学性与思想性、理论性与实践性之间的关系。④以学习为中心的原则。这一原则主要是用在选择教学内容和组织教学时。⑤稳定性与机动性相结合的原则。

为了进一步确保教学质量的稳定性，就必须先确保制定出的教学大纲能够保持一定的稳定性。此外，各高校还应该能够根据出现的一些新情况，及时地对教学大纲进行更新。

2. 教材编写的重要因素和环节

（1）教材编写的重要因素

教材编写的重要因素主要包括以下几方面：①教学目的。对于学生的些特定需求给予最大程度的满足，着眼于能够独立获取知识、解决问题以及自主学习能力的培养，从而使学生的知识面更广、学有专长。②教学重点。就是要让学生知道，怎样以目标语为载体，有效地完成专业信息交流和相关信息活动等。③教学内容。制定教学内容时应根据特定的专业以及相关职业，同时，还应将专业知识的基本结构作为框架，将具体的语言实践活动作为平台，将科技、经济、法律等一些多元信息作为承载内容。

（2）教材编写的重要环节

①从“需求分析”入手。

“需求分析”是进行 ESP 教学最基础、最首要的步骤，进行“需要分析”其实就是寻求教学内容和教学方法的过程。通过“需求分析”，能够最大限度地减少选择教学教材时的盲目性和随意性。

②在评价基础上选用教材。

评估内容主要包括以下五方面：

第一，选择教材内容。教材内容要符合教学大纲所提出的总体教学目标和要求，此外，还应根据具体教学目标、师生需求以及学生的语言水平来合理地进行教材的设计和编排。

第二，教材内容组织。应当较为科学与合理地编排教材的先后次序，同时，还应遵循由易到难、螺旋上升的原则，力求使教材内容更具启发性、多样性、针对性、趣味性、拓展性、灵活性和时代性。

第三，教材内容展示。考察教材的媒介形式、版面设计的外观印象以及是否合理配置温习材料、音像教材和多媒体教材等。

第五，教材评估。可以说，这是选用教材的过程中非常重要的一个环节，若想使教材的适当性和有效性得到进一步提升，就必须要通过对教材进行不断的评估、修改和完善来实现。

③选择材料时要确保真实性。

在进行教学的过程中选用更加贴近现实生活，紧密联系时代、社会以及学生自身发展的材料主要有以下几点好处：第一，更能引起学生的注意；第二，最大限度地满足学生渴望从另一种语言视角看待身边问题的好奇心；第三，激发学生的学习兴趣，从而感受到外语学习的乐趣；第四，使学生在学习的过程中能够不断发现新鲜事物；第五，使学生的学习更加轻松且富有成效。

需要注意的是，要选用具有通用性、恰当性、适用性以及趣味性的语言材料放到教材当中，不能太过困难。所用到的语体也要尽可能地接近日常实际的交际语言，不管是在呈现方式上还是在练习形式上，都要能体现出英语学习的实践性，同时还应注意与教学法可操作性相衔接等。

④充分利用语料库。

存储在计算机中，数量较大的口语、书面语、两者兼顾的语言或者该语言某一范围内一部分有代表性样本的集合，即为语料库。它主要用于对词汇频率和词汇意义使用频率进行统计，以及提供词汇使用语境信息和语法在语言实际运用中的信息等。它是教材的语料源泉和教材的检验手段。

编写 ESP 教材时必须要满足以下要求：第一，必须要确保选编真实且地道的语言素材；第二，能够符合学生周边的现实生活；第三，最大限度地符合学生的实际需求。根据上述三方面要求，就可以借助语料库来制订合理有效的解决方案。在语料库的基础上进行调查之后所得到的语言输入，能够帮助学生学到更贴近现实、更具使用价值的语言用法。

⑤借助图片增添信息。

在文字材料当中搭配一些相关图片所产生的教学效果要比仅仅使用文字材料的效果好很多，这是因为图片是除了实物以外能给人带来最直观感知印象的一个主要途径。而且，这一感知印象的产生，能够刺激人脑建立新图式，同时还能进一步地增添和修改已有图式。

如果为教材中一些难度较大的文字材料配上相应的插图或照片，必然能产生以下两种效果：第一，帮助学生自上而下地对无法正确解读的信息进行处理，加速他们对材料内容的理解；第二，使材料内容更加吸引学生，从而提高他们探究的兴趣和欲望，进一步缓解他们的畏难情绪和消极心理。

### （四）高校 ESP 课程评估体系研究

1. 高校 ESP 课程评估的目的

为了进一步改进课程，提高课程的效果，这时候就需要对高校 ESP 课程进行评估。由于高校 ESP 课程是以学生和学习为中心，所以，进行评估主要就是为了学生，更准确地说，是为了更好地满足学生的相关需求。

在学习的过程中，学生的需求很可能会发生改变，所以需求分析应该是一个不断持续的过程。进行课程评估就是要对这些变化了的需求进行充分的了解，以及看这些变化了的需求是否得到了响应。高校 ESP 课程并不是一次性的，而是应该随着学生相关需求的不断变化而及时进行调整。由此可见，评估高校 ESP 课程的首要目的就是获取需求变化的反馈信息，改进课程。

2. 高校 ESP 课程评估的对象

高校 ESP 课程的评估对象是非常宽泛的，既可以是整个 ESP 课程方案，也可以是某一门课程或一门课程的某些方面。甚至教师也可以对自己一段时间内的练习形式或课堂教学方法进行评估，并根据评估结果来改进自己的教学。总结性评估能够对整个课程方案的各个方面进行考查，尤其是对课程的成本效益非常关注。从总体上来看，高校 ESP 课程采用的就是总结性评估。这种评估方式的主要评估对象如下所示：①对课程的管理；②对教材的评估；③对教师的评估；④对学生学习效果的评估；⑤对教学方法的评估。总之，由于高校 ESP 课程是一个较为系统的课程方案，所以在对其进行评估时，必然会涉及课程建构的整个过程。

3. 高校 ESP 课程评估机构

由于高校 ESP 课程的目的主要是取代大学英语，其属于一种需要在全国推行的课程，所以，对于高校 ESP 课程的评估首先就应该是国家层面的评估。也就是说，应由国家统一进行高校 ESP 课程的总体评估和修订。

高校 ESP 课程评估作为一个国家层面的评估，首先必须组织一个评估委员会，这个评估委员会中的评估人员应该由以下几部分人员组成：①主管高等教育英语教学的官员；②课程的设计者；③专业领域的语言学家；④各高校的 ESP 教师代表；⑤作为非固定成员的大学生。此外，还可以在课程评估委员会中加入企业界的相关人士。必须在综合了各方面成员的意见之后，才能形成反馈信息，只有这样，得出的结果才更有说服力。

4. 高校 ESP 课程评估的方式

总的来说，对于 ESP 课程的评估和对其他课程的评估是非常相似的，都主要可以归为以下两大类：①形成性评估。这是在整个课程过程中所进行的评估，评估得出的结果可以用于调整正在进行的课程。②总结性评估。这类评估主要是在课程结束之后进行的。

如果再进一步进行划分的话，还可以分为以下两种：①过程评估。这种评估方式关系到教学策略或过程以及管理和决策过程。②结果评估。这种评估方式对学生的学习成果较为关注，如考试结果和论文等。

高校 ESP 课程这一课程体系是相对独立的，所以，它的评估体系必须要能深入课程设计的各个阶段。高校 ESP 课程的评估方式是非常多的，但是其中重要的一种评估方式就是在课程结束之后，对学生进行测试。

### （五）高校 ESP 教师队伍建设

高校 ESP 教师在整个课程建设中应该承担的责任是由高校 ESP 课程的性质所决定的，并且，课程能否顺利实施，与高校 ESP 教师的专业能力有着非常大的关系。在中国的背景下，高校 ESP 教师首先应该具备 ESP 教师所需要的一些共同素质。

1. 关于 ESP 教师的基本特征

（1）有共同的教学目标

教师们共同的教学目标就是进行高校 ESP 课程的教学，并且能共同承担实现这一目标的责任，他们之间有明确的分工，互帮互助、互相依存，逐渐形成了一个正式的，有着不同年龄、职称、知识结构、学历和学缘结构的老中青群体。

（2）有明确的教学改革目标

教学团队具有明确的教学改革目标。教学团队以实验教学基地、课程建设、专业建设等教学基本建设项目为目标，创新教育教学理念和教学模式，深入改革教学内容、教学方法和教学手段，力求培养出更高质量的人才和更高水平的教师，不断对教学资源进行整合，引导教师相互协作、互帮互助。

（3）有自己的团队精神

总的来说，团队精神可从以下两方面来体现。

①内聚力。

一个具有较强内聚力的团队，能够使团队中的每个成员都有一种非常强烈的归属感，从而就会把自己更多的精力用于团队的建设和发展，此外，这种归属感还能使每名成员更好地懂得相互尊重，做到胜不骄，败不馁。

②合作意识

所谓合作意识，就是能够合力发挥出一个团队的整体优势，从而使整体效益大于各成员效益之和，从而使高校 ESP 教学团队合作意识真正体现出“木桶理论”中的缝隙决定原则。

2. 高校 ESP 教师培养

（1）建立专门的高校 ESP 英语教学部

只有设立了专业的部系，才能确立高校 ESP 课程在高校的地位，专业部系的设立，就是为了管理课程的实施情况。在这个团队中，教师应该共同努力，让高校 ESP 教师在职业发展中找到空间，提高专业意识，这也是保证高校 ESP 教师地位的关键所在。如果教师的归属无法在学校中得到明确，那么必然会严重阻碍他们的职业发展，同时也会打消教师对自己职业的积极性。

（2）对教师按专业兴趣进行分类培训

不管是普通大学的大学公共英语教师还是重点大学的大学公共英语教师，他们中的大多数都拥有硕士以上学位。尽管他们中的大多数教师都是语言专业毕业的，但他们既然能够留在高校任职，那也就意味着他们是非常优秀的。所以，只需要对他们的专业兴趣领域进行分类，之后再培训一些基础的专业背景知识和基本的专业学科意识就足够了。

初级阶段的高校 ESP 课程教师，虽然还没有接触过专业学科领域，但是受过专业基础背景知识的熏陶，培训的语言教师完全有能力在语言课堂上以潜移默化的方式灌输专业的基本知识和概念。

（3）寻求教师和学生合作教学的方式

高校 ESP 教师承担的最主要任务是针对具体的课堂进行教学，通过组织适当的课堂活动，帮助学生获得教学大纲和教材中的语言内容和学科内容。因此，ESP 教师必须具备语言教师应具备的知识和技能，同时也应成为学生专业知识和语言知识学习的促进者。

在中国语境下，高校 ESP 教师应在现有高校 ESP 教师的基础上进行培养。我们不能只注重高校 ESP 教师专业知识的形成，还应该为他们提供多种职业道路，激发他们对专业本身的热情，并探索与专业专家（专业教师或学生）合作的方式。当然，培养必要的专业基础知识也是必要的。

## 第二节 跨文化传播背景下高校英语教学模式的创新与发展

### 一、跨文化传播与高校英语教学的关系

#### （一）跨文化传播的概念

学术界关于跨文化传播的概念多种多样，侧重的角度也各不相同，主要可概括为以下三种类型：

①跨文化传播即不同文化背景下的人际交往和互动行为。

②文化通过象征符号的编码实现。信息的编码和译码来自不同语境中的个体或群体进行的传播。因此，传播双方的不同信息编码的传播就叫作跨文化传播。

③由于跨文化传播双方的符号系统具有一定差异，因此传播就成为一个符号交换的过程。这一概念主要强调跨文化交际中文化差异的影响。

跨文化传播的英文可以表述为“Cross-cultural communication”或“Inter-cultural communication”，即“跨文化传播交际现象”或“跨文化传播交际学”。在英语翻译中，一些学者还将其称为“跨文化交流”“跨文化沟通”“跨文化传通”等。这是因为跨文化交际具有许多学科背景，一些学者在选择译名时会受到自己所在学科的影响。由于“communication”在语言学中译为“交际”，因此，选择“跨文化交际”“跨文化交流”的译名的学者大多具有外语教学和语言学的背景。选择“跨文化沟通”“跨文化传通”的学者大多具有传播学背景。

## （二）跨文化传播的要素

要想研究跨文化传播，首先应该分析跨文化传播的两个构成要素，即研究“文化”和“传播”的内涵，还要分析它们之间的关系。

1. 文化

（1）文化的概念

文化可谓跨文化传播的核心。对这众多的文化含义界定进行分类归纳，可以总结如下。

第一，文化不是人类通过种族遗传作用获得的，不是与生俱来就有的，而是在人类社会生产实践过程中慢慢习得的。

第二，文化的存在与传承方式，是通过人类一代又一代地不断传承与积累而获得的。

第三，文化是动态的，是在传承和发展中不断变化的，只是这些不断发生的变化较难触及文化的深层次的结构。

第四，文化是一个社会在其漫长的发展形成过程中积淀下来的社会生活方式与思维习性的综合体，这是一个极为复杂的体系构成。

（2）文化的特点

第一，习得性。文化以符号为基础，是通过后天习得的，而不是与生俱来的。

第二，隐形性与独特性。大部分文化都是隐形的，存在于人的潜意识中。当人们与其他文化接触时，就察觉到自己文化的独特性。

第三，稳定性与动态性。文化一经形成就具有相对稳定性，但是随着社会的不断发展，文化也不断变化。

第四，系统性。文化内部的各个组成部分是相互联系、相互作用的。

文化是一个庞大的系统，包括语言系统、非语言系统、认知体系、规范体系、历史、社会组织、地理环境等要素，各要素之间密切联系，形成文化的深层结构。在跨文化传播中，这些是重要的研究内容。

2. 传播

（1）传播的概念

对于传播含义的界定，有许多看法，基于其共性，从跨文化传播角度来看，鲁本（Ruben）与斯图尔特（Stewart）提出的概念比较恰当，传播是处于各种关系中的个体向环境，或个体之间互相发出信息并进行反馈，以便与之相适应的过程。

（2）传播的特点

传播的特点包括：符号化、系统化、动态性、发展性、连续性、广泛性、双向性、共享性，等等。传播不仅受到基本要素的影响，如信息、媒介、反馈、信源、信宿等，还受到隐含要素的影响，如时间、场所、环境、传播者、文化背景等。

3. 文化与传播的关系

文化与传播的关系可以说是比较密切的，二者协同工作，不可分离。综合相关研究，可从以下几方面来看待文化与传播的关系。

第一，文化是通过后天习得并代代相传的，传播使文化成为连续的过程。

第二，文化是传播的语境，不存在没有文化的传播和没有传播的文化。一方面，文化是动态发展的，文化从一产生就具有向外传播和扩张的冲动；另一方面，传播产生于人类的生存和发展需要，存在于人们的日常生活中。文化的传播和变化是文化生存与发展的必然需求。

第三，传播是文化延续的整合机制，促进文化的整合和变迁。在交际研究领域，一些学者甚至将文化和交际等同，认为文化即交际，交际即文化，这种看似偏激的观点却道出了文化与传播之间的统一关系。

## （三）跨文化传播教学的必要性

1. 高校英语发展的需要

人类语言的表达形式，必然要受到其所置身的社会文化形式的制约。人们在跨文化交际时，经常会出现因文化碰撞而产生的误会矛盾。大家都明白一个事实，那就是因为文化而产生的误会要比因语言语法错误发生的误会严重得多。语言语法的错误的结果，最多就是词不达意，思想中想要表达的东西无法顺畅地通过语言来将其表达出来。但是，因为文化问题而导致的误会，就会上升到有关民族尊严的高度了，往往会使本族人与异族人之间产生严重误会甚至敌意。

若想在跨文化交际中有效地避免诸如此类的文化矛盾或冲突，减少跨文化交际过程中有着不同文化背景的人之间的误会或摩擦，最为有效的方法就是交际者能够具备一定的跨文化交际能力，有着较为丰厚的文化修养与素质，对交际对象的民族文化与传统有着较为深入的理解与认识。只有这样，才能够达到有效交际、顺利实现跨文化交际的目的。

这样一来，我们的高校英语教学就不能够仅仅局限于语言知识技能的教学了，而在教学过程中有效地融入有关英语民族的文化教学的知识内容，就成了十分必要的课程。将外语教学同本国文化教学成功地结合起来，开阔学生的文化视野，从多个层面扩大学生的知识层面，从而多角度地增强大学生对于世界的理解与认识，这已经是当前高校英语跨文化教学中非常重要的任务了，已经成为当前外语教学界的共识。

2. 大学生社会发展的需求

任何一个人，都是社会的人，具备着一定的社会属性，同社会的发展紧密相关，在社会中扮演着一定的角色，并且相应地承担其应有的社会责任。因此，在个体的人与作为集体的社会之间就形成了一种彼此相互联系、相互依赖的共同发展的关系。每一个人都生活在一定的社会当中，既然在社会中生存并且想谋得个人的发展，就要不断地去进行学习。而学习根本无法离开社会各个方面。

基于此，我们的教师就有责任也有义务在教学过程当中引导着我们的学生通过学习来不断地认识社会各个层面的真实情况，对于那些与学生日常生活紧密相关的社会现象，都应该适当地引导学生进行必要的理解与认识，这是丰富学生人生经验与阅历的一种极为有效的途径，对于发展学生的自身认识能力，丰富他们的情感、知识以增强其自我分析能力及对他人、对社会的认知，都有着极大的促进作用。在此基础上，教师们才能够更好地引导学生构建自己良好的行为习惯体系，从而培养起自我良好的社会道德体系、人生观与价值观。

对于大学生来说，大学教学就是促成其社会性发展的有效助推力之一。对于当前的大学生来说，他们面对的社会交往关系及现象更为纷繁复杂，多元化的社会交往，决定了交往方式的多样化与复杂化。通过跨文化交际教学来培养学生们面对社会不同人群与不同的语言群体时应有的交际能力，培养大家在人与人交际合作时的正确态度与意识，从学校与社会各个层面来帮助大学生提升自我的跨文化交际能力与素养，对于他们更好地认识这个世界、跟上社会与时代发展的步伐，都有着很好的作用。

由此可见，我们倡导的高校英语跨文化教学与当前青少年培养的社会化目标是同步的，最终的目的就是帮助我们的青少年学生树立起正确的理想与信念，培养大家追求平等、尊重差异、相互合作的思想观念与意识。高校英语跨文化教学也是为了能够培养当代大学生的文化知识素养，将每一个学生潜在的能力与其自身所蕴含的聪明才智最大限度地挖掘并且发挥出来。

在高校英语教学中实行跨文化交际教学，不是一个空泛的概念或者是仅限于理论层面的空谈。而且，社会与时代的发展，也为具有跨文化交际综合素养的人提供了越来越多的机会与平台，如国际性的交流与合作越来越频繁。

在高校英语教学中给予跨文化交际教学以更多的关注与重视，不断地从更深的层面来增强、培养学生对于不同民族文化的认同感、包容性，树立起他们面对异域民族文化时应有的包容意识与精神，懂得拥有不同文化背景的人与民族之间彼此相互尊重、平等交流合作。这也是大学生面向未来发展的一项较为基本的社会生存能力。这是促进不同语言民族之间的文化交流与合作、发展，推动国际的交流与合作的一项基本能力与素质，是当代大学生发展的必备生存能力之一，是更好地适应时代与社会发展步伐的要求。

3. 顺应国际化发展趋势的需要

面对着全球一体化发展的趋势，提升高等教学国际化的主流意识，是当前世界性的高等院校得以进一步深化发展的新的理念基础。由此可见，在高等院校高校英语教学中实施跨文化教学，已经成为一个必然趋势。

跨文化教学在高等院校的有效实施，对于我们办学理念具备世界性的眼光、融入世界办学教学的洪流当中具有积极的推动作用。通过跨文化教学的实施，我们可以不断地吸纳西方先进的教学理念与办学模式，站在理性的角度来对我国的高等教学以及传统文化等进行分析认识，并且能够以世界性的战略眼光来看待分析全球性以及民族性的综合性问题，从而在理论与实践相结合的同时，找到中国本土办学、教学同世界各国办学、教学成功经验的融汇点，以此来更好地把握住世界性的主流意识发展，更好地在办学教学中进行创新，并且在创新发展过程中办出自我的个性特色，为推动我国当前的大学教学做出努力。特别是伴随着全球性的一体化发展态势，办学也在全球一体化的发展过程中呈现出新的发展趋势，很多高等院校都在寻找着同国外学校共同合作办学的新机会，中外合作办学正在不断的进行中。

随着世界新的格局的形成，培养跨文化人才是我们各高等院校极为迫切的教学任务。但是，有一个公认的事实，那就是外语教学中跨文化教学首先必须承认不同语言群体之间存在的巨大的文化差异。而且，在现实的世界范围内的跨文化交际中，因为文化差异而导致的交际矛盾与冲突，仍然是不可避免的。

解决跨文化交际中矛盾冲突最为有效的方法，就是高校英语的跨文化教学的培养。通过多种行之有效的跨文化教学方式，学生能够对不同的民族文化之间存在的差异有一定的认识与理解，并且在跨文化教学过程中，培养学生的跨文化意识，从而在跨文化实践中能够更好地为增进国际的认识与理解而努力。

对于这一切，每一个国家的高等院校都肩负着不可推卸的责任，这是时代赋予高等院校的使命。因此，我们的高等院校教学，应该责无旁贷地承担起为增进国家与世界其他民族之间交流与沟通而培养跨文化交际人才的责任，这是各大高等院校面向未来教学迎来的教学国际化发展的新态势。所以，在我们的高等院校教学中，应有效地融入高校英语的跨文化教学，并且对此给予应有的关注与重视，转变传统的教学模式与教学理念，积极采取行之有效的措施，为培养跨文化交际人才做出应有的贡献。

## 二、跨文化传播背景下的高校英语教学模式分析

### （一）高校英语跨文化教学的原则

1. 对比性原则

英语教学过程中的对比性原则，其实就是对本民族的语言文化同目的语民族文化进行对比、比照。通过比较找出两个民族文化之间存在的相同性与不同性，特别是通过相同性来更好地发现两个民族文化之间存在的差异，对于英语文化教学具有很大的作用。对英语教学中的文化教学进行对比，能够使学生深刻地认识到目的语言文化的不同之处，认识了解目的语言民族的审美价值观、社会文化习俗、思维习惯等。这对于学生认识不同的文化行为，从而避免以本民族的文化观念与视觉去衡量、解释其他民族的文化具有十分重要的意义。

我们都知道有比较才有鉴别。只有通过比较，才能够更为明确地清楚地认识和区别对待目的语言民族文化，更好地避免对目的语言文化不加选择地进行全盘接受。文化能力是交际能力的一个重要构成部分。因此可以说，文化能力的培养与提升也是对交际能力的一种提升。对比原则在英语教学的文化教学中的运用，对交际能力的提升也是一种极大的促进。

2. 吸收性原则

文化教学策略可以分为三种较为典型的类型，即文化同化、文化保存和文化适应。这里的“文化同化”指的是一个民族放弃本民族的文化生活及价值观念而接纳了目的语言民族的文化生活及价值观念等。“文化保存”则是指一个民族对其他民族的文化生活观念及价值观等方面的影响做出拒绝，而坚守本民族的文化生活方式及价值观念等。“文化适应”是一种具有兼容性的观念，是指一个民族在接纳目的语言民族的一些文化生活方式与价值观念的同时，坚守本民族的文化生活方式与价值观念，这是一种融合了两个民族文化生活与价值观念的兼容策略。

在这里所谓的“吸收性原则”，就是指对目的语言民族文化中那些有益于我们母语文化的内容做出认同，并且在认同的过程中逐渐对其进行加工、改造、同化，最终使其成为我们母语文化中的一个部分。其实，换一句鲁迅先生的话来对“吸收原则”进行表述，那

就是“拿来主义”。当然，这“拿来主义”并不是不做区别地全盘接受不加区分，而是要去粗取精、有所区别地进行“拿来”，让其为我们本民族的文化所用。

3. 相关性原则

“相关性原则”指的是英语教学过程中所有的文化教学内容，都应该同教材的内容紧密相连。教师在英语教学的文化内容教学中，其所讲授的内容都是同教材中所涉及的语言课文的内容息息相关的，而不是没有目标地随意讲。除此以外，还应根据学生将来可能从事的职业有选择地进行目的语言民族文化的传授，文化教学的内容要有助于学生将来进行文化社会交际实践所用。另外，还要明确一点，那就是英语教学过程中进行文化教学，并不只是为了简单地给学生传授一些目的语言民族文化。对于目的语言民族文化的学习，其最终还是为了学生能够更好地掌握目的语言，能够纯熟地运用目的语言自如地交流，使学生真正融入目的语言群体中，实现未来可能进行的得体的跨文化交际。

4. 阶段性原则

人们对于一种新文化的体验，一般来说，可分为四个阶段：陌生阶段、危机阶段、调试阶段和还原阶段。第一阶段是陌生阶段。在这一阶段中，人们开始对另一种文化进行全新的感受与体验。第二阶段是危机阶段。在这一阶段中，人们开始意识到新的文化同自己一直认同的文化之间存在着巨大的差异，因而表现出一种无所适从的心理状态。第三阶段是调试阶段。这是一个对新文化同本土文化之间的差异性逐渐适应的过程。在这一过程中，开始表现出对新文化的认同。第四阶段是还原阶段。在这一阶段中，已经接纳了新文化和本土文化之间的不同，心理开始进入恢复原初状态的过程。当然，这里的接纳，并不是指对新文化的全盘接受，而是一种有所选择的在某种程度上的适应性接受。

四个阶段可以称为“文化移入”。在“文化移入”的过程中，第三个阶段即调试阶段，可以说是学生对于一种新的文化认同过程中最好的感知阶段，不仅仅是对两种文化之间存在的社会距离的感知，也是学生能够感受到的最佳认知与情感紧张的阶段。在这一个阶段，语言学生正在承受着学习语言过程中必须承受的压力。因而，这一过程对学生的语言学习将有极大的推动作用。

其实，文化的阶段性原则是外语学习过程中导入目的语言民族文化教学时应该遵循的一个循序渐进的过程。具体可以根据学生的学习目的语言的能力、接受程度、领悟效果等来决定讲授的目的语言的民族文化内容，使文化教学有一个由浅入深、由表及里、由现象到本质的渐进过程，但是，在英语教学的文化教学中贯穿阶段性原则时，绝不能忽略文化教学内容本身具有的内容方面的一致性与渐进性。这样，就不会使学生感觉到自己所学的文化知识处于一种零乱的状态。

## （二）高校英语跨文化教学的内容

1. 发现和寻找文化的共性

人类的思维有着相似甚至是相同的基础，因此，对于世界万物的看法，就有着较为相同的基础。这样，就算是两种完全不同的文化，也可能在某些事物的看法上有着其一致性与相似性。也正因如此，不同民族、不同地域之间才有了进行文化交际和文化交流的可能性。任何一个民族的文化，在与其他民族的文化进行交流比较时都可能发现文化重合现象。英语与汉语之间也不例外，这两种文化之间也存在着文化重合。举例来说，比如对于“比喻”这种修辞手法的应用，不仅在汉语文化中存在，在英语文化中，也存在着相同的修辞手法。在英语文化与汉语文化中，“比喻”这种修辞格都是对于人类思维方式习惯与情感认知的一种反映。在对这种修辞方式进行应用时，这两种语言都习惯于在相同的本体与喻体之间建立起一种类比的关系。比如“像小鸟一样自由”这句话，英文的表达方式就是“as free as a bird”。

除了语言交流存在着共同点之外，英汉两个民族在非语言交流中，也存在着相同之处。例如，我们都是用点头这个动作表示“肯定”的意思，用摇头表示“否定”的意思，而且，英汉两个民族在交流时，共同属于非接触文化，也就是在进行交际交流时，从肢体方面都会保持一定的距离，很少有身体接触的存在。汉民族属于高语境文化，英语民族则介于高语境与低语境的文化之间，总而言之，这两个民族的文化都是属于比较内向、情感不张扬外露型的，做事时认真仔细、谨慎小心。外语教学之所以能够进行，正是因为这些文化重合现象的存在。外语教学就是以这些不同民族文化之间存在的共同性与偶合性才得以顺利进行的。对于两种不同的文化进行比较交流学习，必须找到这两种文化之间存在的共同性基础，这样才能够保证交流学习的顺利进行。

2. 加强中西方文化的差异性比较

两种文化之间除了存在着可以用来进行交流的相同或者相似的文化基础之外，存在的差异性也是显而易见的。任何一个民族的文化，都有其在民族漫长的社会生产实践发展过程中积淀形成的习惯、传统、礼仪、文明，这些是一个民族文化区别于其他民族的鲜明例子。因此，学习一个民族的语言，就必须对这个民族的文化传统、思维习惯、风俗民情等方面都有认识。特别在进行跨文化交际时，对于目的语言民族文化、礼仪习俗、日常习惯等方面有所了解，是减少民族文化冲突的必备条件。这样，才能够避免跨文化交际中误会冲突的发生。

语法错误属于语言交流过程中最为表层的错误，语言使用者与接受者对于这一错误是很容易发现的。这种居于表层的语法错误，即使在交流时被对方发现，一般情况下也不会引起误会，最多就是听者认为交流对象对本民族语言词汇表达不够熟练。但是，若是在跨文化交际中发生了语用错误，那么就不这么容易被听者理解了。一个能够用一口流利的语言来与交际对象进行交谈交流的人，却在语用方面出现了错误，那么，多数人会认为这是一种极为不礼貌、不尊重听者的表现。因此，这就不会被听者简单地归为语言表达能力不够而轻易谅解，而是会被交际对象误认为是不尊重自己甚至是对自己存有不友好的目的。

在英语教学中，教师要注意强调不同文化之间的差异性，应该引导学生从更深刻的层面认识到本民族文化和目的语文化之间的差异，为学生提供接触目的语文化的机会，让学生深入尊重、了解、接受、包容目的语文化，要让学生认识到学习目的语文化，有利于开拓视野，培养国际性思维，提高跨文化交际能力。

## 三、高校英语跨文化传播教学模式的构建

### （一）教学目的

1. 培养学生的英语综合应用能力

从英语语言教学来说，应该从语言知识、语言技能和语言运用等方面培养学生。教师应该根据新生入学时的英语水平、专业特点、就业需求、深造需求等，确定适合学生的英语培养目标。从听、说、读、写、译、词汇六个方面确定教学内容，开设相应的课程，提高学生的英语综合应用能力。

2. 培养学生的跨文化交际认知能力

跨文化交际认知是指人们在特定的交际环境中加工语言和文化信息的过程。跨文化认知能力是获得跨文化知识，提高跨文化交际意识的基础，包括文化认知能力与交际认知能力。在高校英语跨文化传播教学中，教师应该优先培养学生的跨文化交际认知能力。

3. 培养学生的跨文化情感能力

情感是人对客观事物是否符合自己需要而产生的态度体验，属于心理现象中的高级层面。情感反映的是具有一定需要的主体和客观事物之问的关系，是对客观世界的一种反映形式，能对认知层面的心理过程产生影响。情感、态度和动机会影响人对事物的认知、解决问题的方式。跨文化交际中的文化情感能力主要是移情能力和自我心理调适能力。

（1）移情能力

培养移情能力是指要培养学生换位思考和得体交际的能力。交际个体都有民族中心主义的倾向，会用本民族文化的标准去评价其他文化。培养跨文化交际能力的教学，能够扩大学生的知识面，增强学生对其他文化的认识，提高跨文化交际意识。

（2）自我心理调适能力

在跨文化交际语境中，交际主体会因为文化差异产生心理压力或焦虑。因此，在英语教学中教师应该提高学生的自我心理调适能力、对目的语文化中不确定因素的接受能力以及保持自信、宽容的能力等。

4. 培养学生的跨文化行为能力

跨文化行为能力是开展得体的跨文化交际行为的能力，如正确运用语言的能力、灵活运用交际策略的能力、利用非语言手段交流的能力、控制交谈内容的能力等。跨文化交际行为是跨文化交际能力的最终体现。在高校英语教学中，应该培养学生的言语行为能力、非言语行为能力以及跨文化关系能力。

（1）言语行为能力

语言能力和语言行为是言语行为能力的基础。语言能力包括语音、语法、语篇、词法、句法等语言知识，而语言行为是正确运用语言的能力。因此，教师应该从跨文化交际角度来提高学生的言语行为能力，让学生了解目的语言的句法习惯、文化隐含意义和篇章结构等。

（2）非言语行为能力

非言语行为能力包括面部表情、身体姿态、肢体动作、目光接触等。在跨文化交际中，非言语行为所传递的信息量要高于言语行为所传递的信息量。培养学生的非言语行为能力，有利于提高学生的沟通能力。

（3）跨文化关系能力

跨文化关系能力主要包括与目的语交际对象建立并保持关系的能力、在不同交际环境中的应变能力等。在高校英语教学中，培养学生的跨文化关系能力，有利于跨文化交际的顺利进行。

### （二）教学原则

1. 制定教学目标所遵循的原则

①不仅有总体教学目标，还有个性化教学目标；②根据教学内容、学生需求等，确定

个性化目标；③培养跨文化交际人才；④总体目标与个性化目标都应符合时代特点。

2. 课堂语言教学所遵循的原则

①以学生为中心，注重教师引导；②听、说、读、写、译并重，促进学生的全面发展；③注重学生的个体差异，采用灵活的教学方法，调动学生的学习兴趣；④使用真实语篇，培养学生的交际能力；⑤提供机会使学生不仅重视语言而且重视学习过程自身；⑥对学生的语言错误进行恰当指导。

3. 课堂文化教学所遵循的原则

①在教学设计中融入参与式教学、探究式教学和合作式教学等教学理念；②设计丰富的文化实践活动，为学生提供体验式学习的机会；③根据文化教学的内容、学生的特点和教学条件等，灵活运用教学方法。

### （三）教学策略

1. 课堂组织策略

课堂组织是课堂教学的生命。课堂组织策略主要包括确定教师角色，控制课堂活动的组织方式等。在英语教学中，教师应该扮演的角色包括：教学的组织者、教学活动的控制者、教学活动的参与者、教学资源的提供者、学生的启发者、学习效果的检测者等。

2. 激励策略

学生的学习兴趣是一种内部动力，是成功的前提。如果学生缺乏学习兴趣，那么学习将是一个痛苦的过程。因此，高校英语教师应该灵活运用各种教学方法和激励策略，调动学生的学习兴趣。激励策略主要包括：运用生动幽默的课堂语言、组织有趣的英语活动、鼓励学生参与英语活动、将英语成绩与奖学金挂钩等。

3. 提问策略

提问是课堂中常见的互动形式，教师能够通过提问了解到学生对知识的掌握情况。因此，教师需要把握提问策略，根据学生的认知水平，设计恰当的问题。教师可以提出的问题包括：浅层问题和深层问题、开放性问题和封闭性问题、陈述性问题和推理性问题、信息性问题和理解性问题等。

4. 评估策略

评估是课堂教学的重要组成部分，能够对课堂教学起到很大的作用，师生都能从中受益。一方面，评估可以检验学生对教学内容的掌握情况，了解到学生存在的问题，为学生调整学习策略提供反馈；另一方面，评估可以检验教师在教学过程中出现的问题，有利于教师调整教学内容，优化教学方法等。

### （四）教学评价

文化是跨文化英语教学中的重要内容之一，而文化的主观性和复杂性为文化测试和评价带来了一定的困难。传统的客观定量测试方式虽然在强调记忆的客观语言知识的标准化评价上具有一定优势，但不能客观评价学生的学习态度、学习过程和学习能力等。因此，传统的测试方式不能满足跨文化英语教学的评价要求，由此基于真实评价和表现评价的定性分析评价法应运而生。教师可以通过观察学生的学习过程、学习态度、进步情况、学习成绩等，对学生进行综合性评价。学生可以通过评价对学习进行反思，促进自主学习。

此外，形成性评价比传统的终结性评价更能够激励学生，帮助学生发现学习过程中的问题，并进行及时调整，有利于学生调控自己的学习过程，获得更好的学习效果。因此，跨文化英语教学应该采取终结性评价与形成性评价相结合的方法，以更加客观和积极的方式对学生进行评价，对学生的学习起到良性的反拨作用，同时促进教师不断优化教学。

# 参考文献


［1］徐丽丽. 高校英语专业课程体系构建与教学改革研究［M］. 北京：中国书籍出版社，2023.

［2］解峰. 高校英语教学方法探究的新视角［M］. 北京：中国商务出版社，2023.

［3］王怡. 高校英语教学改革与复合型英语人才培养研究［M］. 北京：北京工业大学出版社，2023.

［4］杨蕾. 互联网时代高校英语教学思路创新与发展研究［M］. 北京：中国商务出版社，2023.

［5］陈亚轩. 高校英语写作教学理论与实践研究［M］. 长春：吉林大学出版社，2023.

［6］孙婕. 高校英语教学理论及实务研究［M］. 长春：吉林人民出版社，2022.

［7］周嫚，段潇乐，马燕. 高校英语教学的基础理论与应用研究［M］. 长春：吉林出版集团股份有限公司，2022.

［8］王景文. 跨文化交际与高校英语教学研究［M］. 长春：吉林出版集团股份有限公司，2022.

［9］夏珺. 高校英语教学设计优化与模式创新研究［M］. 长春：吉林人民出版社，2022.

［10］毛佳玳. 信息化背景下高校英语教学创新研究［M］. 杭州：浙江工商大学出版社，2022.

［11］刘婷，李敏. 新时期高校英语教学的多视角研究［M］. 北京：中国商务出版社，2022.

［12］金鑫. 高校英语公共教学与跨文化交际研究［M］. 北京：中国大地出版社，2022.

［13］孙洋子，张海贝，杜凌俊. 高校商务英语写作教学与实践创新研究［M］. 长春：吉林大学出版社，2022.

［14］王慧平，张一. 高校英语教学模式优化多维研究［M］. 郑州：郑州大学出版社，2022.

［15］周颖莹，肖毅，郑曦. 新时代高校英语教学与思维创新研究［M］. 长春：吉林出版集团股份有限公司，2022.

[16] 孙雯. 基于应用语言学理论的高校英语教学研究［M］. 沈阳：辽宁大学出版社，2022.

[17] 胡英歌. 大数据时代的高校英语教学转型新模式研究［M］. 长春：吉林出版集团股份有限公司，2022.

[18] 陈伟. 高校英语教学策略创新与模式构建多维度研究［M］. 长春：吉林出版集团股份有限公司，2022.

[19] 盛普聪. 高校英语及其课堂教学研究［M］. 延吉：延边大学出版社，2022.

[20] 祝菁. 高校英语教育教学理论与实践研究［M］. 长春：吉林人民出版社，2022.

[21] 刘银燕. 高校英语线上线下混合式教学模式研究［M］. 长春：吉林出版集团股份有限公司，2022.

[22] 陈玲，唐彬，厉欣. 高校英语信息化及混合式教学模式［M］. 郑州：郑州大学出版社，2022.

[23] 施莹莹，王红娟，李保丽. 英语教育教学理论与实践［M］. 长春：吉林人民出版社，2022.

[24] 苏一凡. 多模态英语教学理论与实践［M］. 北京：中华工商联合出版社，2022.

[25] 侯敏灵. 高校英语教学方法改革与实践探索［M］. 长春：吉林摄影出版社，2022.

[26] 高红梅，管艳郡，朱荣萍. 高校英语教学创新性研究［M］. 长春：吉林人民出版社，2021.

[27] 蒋丽霞. 文化视域下的高校英语教学研究［M］. 北京：北京工业大学出版社，2021.

[28] 宏杰. 基于跨文化交际理论的高校英语教学创新探究［M］. 北京：新华出版社，2021.

[29] 朱荣萍，罗芳. 高校英语教学及其语言学应用研究［M］. 长春：吉林人民出版社，2021.

[30] 刘蕊. 教育生态化视角下高校英语教学创新研究［M］. 长春：吉林出版集团股份有限公司，2021.

[31] 高云柱. 跨文化交际与高校英语教学融合发展研究［M］. 北京：新华出版社，2021.